Berthold Kohler
Fraktur

Berthold Kohler

Fraktur

Politik mit Wumms

Bibliografische Information der Deutschen Nationalbibliothek
Die Deutsche Nationalbibliothek verzeichnet diese Publikation
in der Deutschen Nationalbibliografie; detaillierte bibliografische
Daten sind im Internet über http://dnb.d-nb.de abrufbar.

© Fazit Communication GmbH
Frankfurter Allgemeine Buch
Pariser Straße 1
60486 Frankfurt am Main

Umschlag: Nina Hegemann, Fazit Communication GmbH
Satz: Uwe Adam, Freigericht
Druck: CPI books GmbH, Leck
Printed in Germany

1. Auflage
Frankfurt am Main 2023
ISBN 978-3-96251-161-6
Alle Rechte, auch die des auszugsweisen Nachdrucks, vorbehalten.

Frankfurter Allgemeine Buch hat sich zu einer nachhaltigen Buchproduktion
verpflichtet und erwirbt gemeinsam mit den Lieferanten Emissionsminde-
rungszertifikate zur Kompensation des CO_2-Ausstoßes.

Inhalt

Vorwort	7
Selfie	9
Zugpferd	13
Notruf	16
Boostern	19
Zapfenstreich	22
Preis	25
Herbeireden	28
Windkraft	31
Kanzler	34
Tisch	37
Dank	40
Galgenhumor	43
Falken und Tauben	46
Mücken	49
Aneignung	52
Verstehen	55
Selbstkritik	58
Panzer	61
Ringtausch	64
More beef	67
Wohlfühltermine	70
Einfrieren	73
Scheindebatten	76
Gern	79
Anraunzen	82
Waschlappen	85
Nachrichtenvermeidung	88
König Karl	91
Doppel-Wumms	94
Englische Verhältnisse	97

Genusscannabis	100
Teufel	103
Binde	106
Doppelpass	109
Bismarcks Erben	112
Hellerhofstraße	115
Deutschland-Tempo	118
Lützerath	121
Großes Herz	124
Scholzing	127
Narren	130
Demut	133
Gendertransformativ	136
Falsche Flagge	139
Frack	142
Torschlusspanik	145
Tiefschläge	148
Lebensaufgabe	151
Menschenopfer	154
Bekloppt	157
Kommunikation	160
Hintern	163
Orden	166
Inszenierung	169
Schweinsgalopp	172
Kulturkampf	175
Kiffen statt Fliegen	178
Gefallene Engel	181
Schriftlich	184
Augenklappe	187
Der Autor	190

Vorwort
Gewappnet mit Humor

Als die sogenannte Ampel sich vor zwei Jahren aufmachte, Deutschland zu regieren, war selbstverständlich wieder von dem Zauber die Rede, der jedem Anfang innewohnt, seit Hermann Hesse sein berühmtes Gedicht über Koalitionsregierungen schrieb. Ein paar Wochen lang gingen die ungleichen Partner auch zauberhaft miteinander um. In allen drei Parteien gab es Leute, die wohl wirklich glaubten, diese Mesalliance werde funktionieren.

Doch irrt auch der Politiker, so lang er strebt. Zur Halbzeit der Legislaturperiode könnte Bundeskanzler Scholz wie der frühere russische Ministerpräsident Tschernomyrdin sagen: „Wir wollten das Beste, aber es kam wie immer." Denn auch die Angehörigen der sogenannten Fortschrittskoalition streiten sich wie die sprichwörtlichen Kesselflicker. Da scheppert es mitunter gewaltig. Das ist in den dramatischen Zeiten, in denen wir leben, nicht unproblematisch, manchmal aber wenigstens unterhaltsam.

Einigen deutschen Politikern kann man durchaus attestieren, originell sein zu wollen, mit einer eigentümlichen Argumentation und/oder besonderen Begriffen. Dabei lief einer zur Hochform auf, von dem es wohl die wenigsten erwartet hätten. Früher wegen einer ziemlich schablonenhaften Rhetorik „Scholzomat" genannt, überrascht der Bundeskanzler die Republik mit Formulierungen, die man ihm nicht zugetraut hätte. Der Wumms und der

Doppel-Wumms, das waren schon richtige Kracher. In England spricht man inzwischen sogar vom „scholzing", obwohl der Kanzler bisher erst einmal vom Oppositionsführer „more beef" verlangte.

An der Ironie solcher Geschichten labt sich die „Fraktur". Die in der Samstagsausgabe der F.A.Z. erscheinende Kolumne folgt der Ampel auf Schritt und Fehltritt, hängt aber unverdrossen der Meinung an, dass Politik nicht nur zum Weinen sein muss. Die „Fraktur" sucht nach dem Erheiternden im Ernsten. Sie wird dabei nicht nur in Berlin fündig. Und das ist auch gut so. Ohne das Gegengift des Komischen würde das Schreckliche des Weltgeschehens uns erstarren lassen wie die Ehefrau Lots, als sie nach Sodom zurückblickte. Lachen zu können, selbst wenn einem das Lachen im Hals steckenbleiben will, ist auch ein Zauber, „der uns beschützt und der uns hilft, zu leben", wie Hesse schrieb. Gewappnet mit Humor müsste uns Deutschen nicht einmal vor einem Dreifach-Wumms bange sein.

Berthold Kohler

Selfie

Man soll den Söder eben nicht vor dem Habeck loben. Am Dienstag sah es zwar noch so aus, als habe der CSU-Vorsitzende schon die Bilder und Worte der Woche geliefert. Wie Söder Laschet mit unschuldigem Blick und unter Berufung auf die Regeln von Stil und Anstand endgültig zum Versager des Jahrhunderts stempelte, übertraf sogar das Vorführen des Schulmädchens Merkel durch Seehofer auf dem Parteitag von 2015. So was können die von der CSU einfach. Ob sie das auf der Kaderschule lernen?

Und doch hat im Wettbewerb um die Gunst des Publikums nur einen Tag später eine grün-gelbe Viererbande Söders Laschet-Bashing auf Platz zwei verwiesen, der bekanntlich zu nichts ermächtigt, weil es dort an der moralischen Legitimation fehlt.

Der Sprung an die Spitze der Hitparade gelang den Fab Four aus Berlin ganz ohne eine Tonspur für Schmutzeleien – nur mit einem Foto! Wer ein solches Bild in die Welt setzen kann, braucht kein langatmiges „Narrativ" mehr, zu dessen Neuerfindung Söder die CDU aufrief. Diese Aufnahme verströmt alles, was man sich von Politikern nur wünschen kann: Aufbruch, Demut, Zuversicht, den Geruch von Freiheit und Abenteuer (Habeck hatte sich nicht rasiert, Wissing kam in einer Art Lederjacke). Das zweitberühmteste Selfie der deutschen Nachkriegsgeschichte – das berühmteste schoss ein Flüchtling – rockte die Republik. Sie sehen ja auch verdammt cool aus, diese fantastischen Vier!

Das Gruppenbild mit Dame ist ein derart durchkomponiertes Gesamtkunstwerk, dass den Vorsondierungen zwischen Grünen und FDP Vorvorsondierungen vorausgegangen sein müssen. Die kamen doch nicht alle zufällig so angezogen wie für eine Black-and-White-Party. In diesem Outfit hätten sie auch auf eine der Trauerfeiern der CDU gehen können. Der Raum, in dem diese Ikone entstand, sieht so trostlos aus, als befinde er sich im Konrad-Adenauer-Haus. Ob Grüne und FDP deswegen nicht sagen wollen, wo sie sich trafen? Oder war das vielleicht wieder das Hinterzimmer, in dem Annalena und Robert sich ebenfalls schon in totaler Harmonie darauf geeinigt hatten, dass sie zwar vorübergehend Kandidatin sein darf, er dann aber Vizekanzler? Ziemlich söderschlau, dieser Habeck!

In jedem Fall sollte die Nachwelt alle Orte kennen, an denen über Deutschlands Zukunft entschieden worden ist. Sie sagen schließlich viel über unser Gemeinwesen aus. Wo sonst noch werden Präsidenten an Küchentischen gemacht und Kanzlerkandidaturen im Frühstückszimmer übergeben?

Eigentlich sollten alle Koalitionsverhandlungen mit so einem Selfie beginnen, nicht nur wegen des Vorher-nachher-Spaßes. An einem solchen Testbild sieht man doch sofort, ob zusammenwachsen kann, was nicht zusammengehört.

Noch mehr sagen uns nur Fotos, die es nicht gibt, nicht geben kann. Ein Selfie von Söder und Laschet würde, von Söder gemacht, ja nur Söders breite Brust zeigen. Der Hüne aus Nürnberg müsste dann „dem Armin" erklären, dass er einfach zu klein sei, um noch mit aufs Bild zu kommen. Selbst wenn Söder aus Mitleid in die Knie ginge (guter Witz, oder?), könnte Laschet nie so entspannt wie Habeck

Sondierungen: Wann sehen wir ein Selfie von Scholz, Walter-Borjans und Esken?

in die Handylinse schauen. Laschet müsste ja immer damit rechnen, dass Söder ihm Hasenohren aufsetzt oder Dobrindt im Hintergrund Faxen macht.

Auch darauf, dass Söder Bouffier oder gar Schäuble noch zu einem letzten gemeinsamen Bild bittet, warten wir wahrscheinlich so vergebens wie auf ein Selfie von Spahn mit Laschet. Irgendjemand scheint gerade alle Fotos aufzukaufen, die den nächsten CDU-Vorsitzenden noch mit seinem bisherigen Teampartner zeigen. Diese Partnerschaft endete ja aber schon vor Tagen.

Doch warum sehen wir noch kein Selfie von Scholz, Esken und Walter-Borjans? Die müssten doch auch schon sondieren, ob sie miteinander regieren können. Verglichen mit Scholz und den Linken in der SPD, wirken die Grünen und die FDP ja geradezu wie Schwesterparteien. Doch nein, dieser Begriff führt in die Irre, weil man da immer noch an CSU und CDU denkt. Das Selbstporträt, an dem die Union gerade malt, sieht aber ungefähr so liebreizend aus wie das Bildnis des Dorian Gray.

Zugpferd

Wer immer nur darauf schaut, ob eine Ampel wirklich gleichzeitig Rot, Gelb und Grün zeigen kann, verpasst leicht noch Unglaublicheres. Solches hat sich vor einigen Tagen im niederbayerischen Deggendorf ereignet. Danach hätte auch der Rest der Republik mindestens für einen Moment stillstehen müssen: Die Parteijugend der CSU strich auf ihrer Landesversammlung Markus Söder.

Ja, Sie haben richtig gelesen. Er wurde herausradiert aus einem Beschluss, in dem es hätte heißen sollen, es sei nun an der Zeit, „ein schlagkräftiges, frisches Team hinter unserem starken Zugpferd Markus Söder zu bilden". Die Junge Union tilgte aus dem Antragstext nicht nur Markus und Söder, sondern auch noch das starke Zugpferd. Und das nicht etwa mit einer schlappen Zustimmung von 30 plus x Prozent, wie sie der CSU in der jüngsten Bundestagswahl zuteilwurde, sondern mit einer satten Dreiviertelmehrheit (in Zahlen: 75 Prozent).

Ja, sind die jungen CSUler denn verrückt geworden? Eine solche Abneigung gegen kraftstrotzende Zugtiere hätte es unter dem Ochsensepp nicht gegeben! Der Mann, den sie Pferd nannten, ist doch eindeutig der beste Hengst im Stall. Was soll denn heißen, seine „One-Man-Show" müsse aufhören? In der CDU wären sie froh und glücklich, wenn sie einen Alleinunterhalter hätten. Das Problem der Stiefschwesterpartei ist ja, dass es in ihren Reihen zu viele davon gibt. Wenigstens in Hochländern wie Schottland und Bayern aber hält man sich noch an die alte Highlander-Regel: Es kann nur einen geben.

Was erlauben JU, kann man also nur rufen. Da sägen diese Gören so schmutzelnd an Söders Stuhl wie er seinerzeit am Sessel Seehofers. Kein Wunder, dass das abgehalfterte Zugpferd nun schmollt, scheut und bockt: Söder fährt nicht zum Deutschlandtag der Jungunionisten nach Münster. Wäre ja noch schöner. Undankbare Bande! Wo wären CDU und CSU denn gelandet, wenn Söder Laschet im Wahlkampf nicht aus vollem Herzen, nicht mit aller Kraft und gänzlich ohne Groll unterstützt hätte! Genau: wieder in der Regierung. Und das kann man der Union in der Tat nicht mehr zumuten, seit man weiß, wie es wirklich um sie bestellt ist.

Dank und Respekt erfährt in der CDU derzeit ja nur, wer zurücktritt. Laschet kann schon froh sein, wenn von ihm im Zuge der Entlaschetisierung der Partei nicht auch noch verlangt wird, die Bergmannsmarke abzugeben, mit der er die tausendundein Delegierten des Parteitags verhext hatte. Eigentlich müssten die doch jetzt dem Vorbild des Vorstands folgen und ebenfalls geschlossen zurücktreten nach ihrer katastrophalen Vorentscheidung. Und dann natürlich auch all die Vollpfosten, die diese Delegierten gewählt hatten. Wie gut, dass künftig bei der CDU die Basis das Sagen hat!

Einstweilen können die Unionsparteien aber nur voller Neid verfolgen, wie ihre Cousine in Österreich, also die Kurz-Partei (vormals ÖVP), mit ihrer Krise umgeht. Krise? Welche Krise? Kurz trat ja nicht wirklich zurück, sondern ausdrücklich nur zur Seite, ins Parlament. Der einzig wahre Kanzler kommt sicher wieder, wenn endlich die letzte SMS gelöscht ist. Bis dahin macht sein Parteifreund Schallenberg für ihn den Medwedjew. Nach so einer treuen Seele hätte Laschet in der CDU lange suchen können.

Scheut und bockt: Manchmal ist das Pferd ein Esel.

Aber wie geht es jetzt mit Söder und den jungen Leuten in der Union weiter, auf die sich doch alle Hoffnungen richten? Söder war lange genug selbst Vorsitzender der JU in Bayern, um zu wissen, dass man als solcher immer ein Trachtenstilett in der Lederhose hat, mit dem sich zur Not auch lahmende Gäule erlösen lassen, wenn die Qual zu groß wird.

Auf Tilman „die Rampensau" Kuban, den Vorsitzenden der außerbayerischen JU, kann Söder sich ebenfalls nicht mehr bedenkenlos verlassen. Schon als Kuban noch schwärmerisch forderte, dass auch Deutschland einen Kurz brauche, dachte er wahrscheinlich nicht mehr an Söder, sondern eher an sich selbst.

Franz Josef Strauß, dessen Enkel Söder gerne wäre, würde, müsste er all das noch erleben, wahrscheinlich sagen: Sic transit gloria Bavariae.

Notruf

Also uns hat es nicht gewundert, dass schon wieder die Notrufnummern ausgefallen sind. Denn erstens ist die technische Infrastruktur insbesondere in den sehr alten Bundesländern so marode, dass eher eine Nummer eingerichtet werden sollte, bei der man melden kann, was wider Erwarten funktioniert. Neulich etwa hätten wir unser Umspannwerk zu gern wissen lassen, dass der Strom schon nach sechs Stunden wieder da war. Und wie sehr der Hund sich über das aufgetaute Rinderfilet gefreut hat.

Zweitens soll die Notrufnummernstörung verursacht worden sein durch „die Einbringung einer neuen Software, die zuvor ausführlich getestet worden war und keinerlei Auffälligkeiten gezeigt hatte", wie ein Sprecher der Telekom sagte. Wir verzichten hier aus Platzgründen darauf, unsere unvergessenen Erfahrungen mit der Telekom schon bei der Einbringung einer neuen Hardware (Telefonanschlussdose) zu schildern, wollen aber darauf hinweisen, dass wir eine sehr ähnliche Begründung auch bei der Einbringung unseres neuen Redaktionssystems gehört haben. Wie auch ein Äquivalent zu der Äußerung des Telekom-Sprechers: „Die detaillierte Analyse dauert an."

Drittens könnte wohl selbst die robusteste Notrufnummer nicht all die Hilferufe verkraften, die man beim Betrachten der deutschen Politik ausstoßen muss. Die vierte Welle der Pandemie türmt sich zum Tsunami auf – und was machen die Neuen in Berlin? Sie schleifen die Deiche und demontieren die Schleusentore. Ja, sind die denn irre? Wenn die Rekordstände bei den Infektionszahlen keine „epidemische Lage von nationaler Tragweite" sein sollen, was dann? Es hat sich jetzt doch sogar Hubert Aiwanger impfen lassen, der Joshua Kimmich der bayerischen Politik. Und der lebt in Söders freiem Süden, wo wirklich niemand von niemandem zum Impfen gedrängt wird.

Doch gerade die FDP fühlt sich so an ihren Sommerglauben gebunden, alles sei schon vorbei, dass sie jetzt nicht einfach ihre Meinung ändern kann, bloß weil sich das Virus der partout nicht anschließen will. Und die SPD und die Grünen sind dem Wahlsieger Lindner ja derart zu Willen, dass man meinen könnte, Putin habe ihm seine umfangreiche Sammlung an Kompromaten zur Verfügung gestellt. Scholz ist nicht der einzige Politiker im Ampelbündnis, der eine ausgesprochen linke Vergangenheit hatte.

Aber auch beim Anblick der CDU kann man nur schwer den Impuls unterdrücken, den Notarzt, die Feuerwehr und auch noch das Technische Hilfswerk zu rufen. Ein paar Tage lang hatten wir Sorge, dass die CDU total in der postelektoralen Depression versinkt und einfach auf die Wahl eines Vorsitzenden verzichtet. Die Bewerbungsfrist für die Parteivolksbefragung lief längst, doch keiner der üblichen Verdächtigen aus Nordrhein-Westfalen warf seinen Hut in den Ring. Im Gegenteil: Der Erste, der sich erklärte, schwenkte gleich die weiße Fahne. Doch dann hatte der wackere Hesse Helge Braun – sicher ein Fan der Rodgau Monotones – Erbarmen. Das brachte das Kandidatenkarussell endlich in Schwung. Zum Dank wurde Braun von anderen Mitfahrern der Titel „der Laschet aus Hessen" verliehen. Auch diese Ehrung zeigt, wie berechtigt die Behauptung war, das Abhalten einer Mitgliederbefragung werde zur Befriedung und Einigung der Partei beitragen.

Starke Betäubungsmittel: Wir verstehen zunehmend, warum.

Denn dass die Parteifreunde wieder so freundlich übereinander reden, ist ein gutes Zeichen: dafür, dass die CDU nur scheintot war und jetzt die Lebensgeister in ihren ausgemergelten Körper zurückkehren. Wenigstens den Anruf beim Notarzt können wir uns also sparen. Und uns Bürgern hat die Ampel ja die Freigabe von starken Rausch- und Betäubungsmitteln in Aussicht gestellt. Wir verstehen zunehmend, warum.

Boostern

Zu den vielen Merkwürdigkeiten des deutschen Ringens mit Corona zählt, dass ausgerechnet Impfskeptiker auf einen Totimpfstoff warten. Der versucht ja nicht einmal zu verschleiern, mit welcher Folge zu rechnen ist, wenn man ihn sich spritzen lässt. Querdenker denken aber natürlich anders als wir blauäugigen und staatsgläubigen Schafe, die wir uns das schneller zusammengequirlte Zeug in den Arm jagen ließen und auch noch dankbar dafür waren. Ein Zweifler wie Kimmich sagt sich vermutlich, dass der politisch-pharmazeutische Komplex mit der furchterregenden Bezeichnung „Totimpfstoff" die Bürger von dem einzigen Vakzin fernhalten will, das die Fehlpassquote nicht vergrößert und die Geimpften weder unfruchtbar macht noch zu willenlosen Untertanen.

Und wer wollte noch bestreiten, dass wir dazu geworden sind, spätestens nach dem zweiten Piks? Immer noch hoffen wir stikoergeben darauf, dass der Tag kommen möge, an dem wir von der Obrigkeit eindeutige Marschbefehle erhalten. Obwohl wir doch schon seit anderthalb Jahren wissen, dass wir auf eine widerspruchslose Pandemiepolitik warten können, bis wir schwarz werden. (Darf man das eigentlich noch schreiben?)

Jetzt soll also „geboostert" werden, was der Turbo hält. Gemeint ist damit eine Auffrischungsimpfung. Aber die muss natürlich anders heißen, denn erstens reden wir über die Pandemie am liebsten doch auf Englisch. Und zweitens sollen nun ja plötzlich nicht mehr nur die Greise aufgefrischt werden, sondern auch schon die eigentlich noch recht frischen Achtzehnjährigen. Doch wann? Die einen (Ärzte, Impfzentren, ganze Bundesländer) achten noch sekundengenau auf den Sechsmonatsabstand, während andere schon fünf gerade sein lassen. Weil ja auch beim Boostern wieder die alte Bauernregel gilt: Kräht der Spahn auf dem Mist, ändert sich die Frist, oder sie bleibt, wie sie ist.

Und was machen wir, das Volk, während wir mit zitternden Händen und Booster-Panik (die ist noch schlimmer als die Schnitzel-Panik in Österreich) auf die nächste Opiumzuteilung warten? Wir regen uns über unsere Berliner Dealer auf – und machen nichts. Kein Sturm auf den Reichstag (man dürfte nur nicht so blöd sein wie die Amis und sich dabei selbst filmen), ja nicht einmal auf das schon halb verwaiste Gesundheitsministerium. Der Deutsche liebt den Aufstand nicht. Wer wollte uns das aber gerade jetzt auch verübeln? Man sieht ja, in welche Lage wir uns mit dem Regierungswechsel gebracht haben. Das Ancien Régime fühlt sich nicht mehr zuständig, und die Neuen sind immer noch auf ihrem Selbstfindungstrip.

Da muss man dann doch froh sein, dass Angela Merkel sich offenkundig auch künftig noch als Eingreifreserve betrachtet. So einen großen Mitarbeiterstab braucht man nicht fürs Schreiben der Memoiren. Sondern für den Notstandsfall, der aus ihrer Sicht wahrscheinlich schon eintritt, wenn Merz CDU-Vorsitzender wird. Obwohl dann auch Merkels Rente sicher ist. Merz stellt jetzt ja sogar Blüm in den Schatten.

Wahrscheinlich fühlten sich auch die Amateure von der Ampel besser, wenn sie wüssten, dass sie zur Not bei Mutti nach Rat fragen können. Merkel kann dann weiterhin die unangenehmen Telefonate mit Putin und Lukaschenko übernehmen. (Es amüsiert die Herren bestimmt, dass die

Alte Bauernregel: Kräht der Spahn auf dem Mist ...

Kanzlerin schon nach 16 Jahren gehen muss.) Da darf man bei der Ruhestandsausstattung ruhig etwas großzügiger sein als vorgesehen.

Anders als Schröder kriegt Merkel schließlich auch keine Apanage aus Moskau. Apropos: Haben Sie das Feuerwerk gesehen, mit dem Putin die Fertigstellung von Nord Stream 2 feierte? Kein Problem, falls nicht: Die Trümmer des Satelliten, den er dafür abschießen ließ, werden noch jahrelang um die Erde kreisen und uns immer wieder als Sternschnuppen daran erinnern, dass „Booster" ein Begriff aus der Raketentechnik ist. Gut, bei Putins goldenem Schuss entstand auch ein bisschen Weltraumschrott. Aber dessen Beseitigung ist doch eine wunderbare Aufgabe für unser neues Weltraumkommando, das ja weder Satelliten abschießen will noch kann. Es könnte jetzt aber auch im All beweisen, dass uns jedenfalls bei der Mülltrennung immer noch keiner übertrifft.

Zapfenstreich

Ist Ihnen da trotz der Kälte nicht auch ganz warm ums Herz geworden? Als unsere Paradesoldaten mit Fackeln und klingendem Spiel im Bendlerblock einzogen, mussten doch sogar ehemalige Wehrdienstverweigerer eine Gänsehaut kriegen. Ja, das war schon noch eine Steigerung gegenüber der Aushändigung der Entlassungspapiere im Bellevue. Bei „Helm ab zum Gebet!" hing die Nation so gebannt am Fernseher wie seit der Hochzeit von Charles und Diana nicht mehr.

Auch unsere baldige Ex-Kanzlerin wusste natürlich, dass das keine Pillepalle-Veranstaltung ist, die frau in des großen Gottes Namen zum Schluss eben auch noch absolvieren muss wie den nun wirklich überflüssigen Besuch in der Bundestagsfraktion der Partei, der sie einmal nahestand. So ein Großer Zapfenstreich ist die letzte Gelegenheit, mit kleinem Einsatz riesigen Einfluss auf das eigene Bild in den Geschichtsbüchern zu nehmen.

Dafür reicht es, kurz zuvor ein paar Musiktitel auf einen Zettel zu schreiben. Freilich nicht so etwas Vorhersehbares wie das Starfighter-Lied oder „Panzerkreuzer Deutschland", damals beides von Franz Josef Strauß bestellt. Nein, es müssen schon Oldies sein, die den Kapellmeister zur Verzweiflung bringen, weil ein Stück für eine Harfe eben nicht so leicht mit einer Tuba zu spielen ist. Doch je schräger es dann tönt, desto sicherer heißt es schon bei der Live-Übertragung: Dieser autobiographische Hintersinn! Welch wunderbare Selbstironie! Ist dieser Song nicht eine Liebeserklärung an ihren Mann/seine

Frau/den Hund? Hach, sie/er war ja doch ein Schätzchen/ Schlawiner!

Der bedeutungsschwangere Schlussakkord, der da angeschlagen wird, hallt dann ja auch noch endlos nach. In manchen Fällen erinnert man sich eher an die Musik als an die Politik. Und die Programmhefte dieser Wunschkonzerte zeigen ja auch ganz klar, wie es mit der Republik so weit hat kommen können. Wer könnte je vergessen, dass Wulff „Over the Rainbow" spielen ließ und Guttenberg „Smoke on the Water"? Zu den obercoolen Dudes muss man natürlich auch Schröder zählen, obwohl ihm, dem Mackie Messer unter unseren Kanzlern, bei „My Way" das Wasser in die Augen schoss. Es war ja aber auch traurig, dass Putin nicht kommen konnte.

Da ist Merkel doch aus einem anderen Holz geschnitzt. Selbst als bei „Für mich soll's rote Rosen regnen" nicht nur zwei, sondern achtzig Millionen Herzen im Dreivierteltakt schlugen, blieb sie so gelassen wie immer. Sie übergibt das Land einschließlich der Bundeswehr ja auch in einem hervorragenden Zustand an ihren Nachfolger. Haben Sie gesehen, wie die Karabiner blitzten? Da wird Putin sich doch dreimal überlegen, ob er in der Ukraine einmarschiert.

Allerdings werden jetzt russische Geheimdienstler wie auch manche Merkelologen bei uns noch eine Weile rätseln, welche (subversive?) Botschaft die Kanzlerin mit dem Nina-Hagen-Song verband. Zum Glück ließ sie, was man sich bei einer Wagnerianerin hätte vorstellen können, nicht den „Ritt der Walküren" spielen. Das wäre ja gerade im Bendlerblock gar nicht gegangen, selbst wenn die meisten bei diesem Stück wohl eher an den Vietnam-Krieg gedacht hätten. Dann wäre aber bestimmt vermutet worden, Merkel wolle damit sagen: Apokalypse now.

Wunschkonzert: Je schräger, desto besser.

Zum Glück kam sie auch nicht auf die Idee, sich statt des „Sünderinnen-Walzers" etwa „An der schönen blauen Donau" zu wünschen. Da hätten die üblichen Bedenkenträger, die, wenn sie Helme und Fackeln sehen, immer nur an den Einen denken, sofort gemutmaßt, Merkel sehe in Österreichs derzeitiger Führerlosigkeit die Chance für eine Anschlussverwendung.

Ja, auch am Ende hat die Kanzlerin alles richtig gemacht. Wir sagen, nein, singen mit der von ihr befohlenen Fröhlichkeit im Herzen zum Abschied leise: servus.

Preis

Haben Sie auch schon Post von Putins willigen Helfern bekommen? Wir meinen nicht nur seine Trolle, die uns dieses Mal ihre Wutachten zur Bösartigkeit des Westens schicken, noch bevor der Kreml in der Ukraine sein legitimes Recht zur Selbstverteidigung gegen die kriegslüsterne NATO ausübt. Uns erreichte auch ein Schreiben unseres Gasversorgers, der uns mitteilte, dass er wegen der gestiegenen Energiepreise leider, leider kurzfristig den Vertrag kündigen müsse, wir es aber weiter warm haben könnten, wenn wir einem neuen Kontrakt mit einem leicht höheren Tarif zustimmten.

Ja, es stimmt, derzeit wird alles teurer, wenn auch nicht immer gleich um das Doppelte wie bei unserem jetzt ehemaligen Gasversorger. Aber auch das Gas kommt eben nicht aus der Steckdose, sondern aus dem Reich Putins. Und auch Mütterchen Russland muss in Zeiten der Geldentwertung schauen, wo es bleibt. Wie ein Kavalleriegaul zu galoppieren scheint die Inflation besonders bei den Kosten, die mit der Invasion eines Nachbarlandes verbunden sind. Und wie könnte Putin sich die ersparen! Der Einmarsch in der Ukraine wird dem friedliebenden Kreml vom Westen doch geradezu aufgezwungen, so wie manche SPD-Politiker darüber reden.

Selbst Angehörige der Cannabis-Koalition aber warnen vor dem „hohen Preis", den eine solche Operation hätte. Der „hohe Preis" ist zur Standardfloskel geworden, wenn westliche Politiker Putin davon abbringen wollen, das orthodoxe Weihnachtsfest in Kiew zu feiern. Erstmals auf dem

EU-Gipfel am Donnerstag war auch von „massiven Konsequenzen" die Rede. Aber das geht uns dann doch zu weit, weil damit nun wirklich an der „Spirale von Drohungen und Gegendrohungen" gedreht wird, vor der in bewährter Manier der SPD-Fraktionsvorsitzende Mützenich warnte. „Massive Konsequenzen" erinnert schon sehr an „massive retaliation". Kenner des Kalten Krieges wissen, wofür dieser Begriff stand.

Da ist es doch deutlich deeskalierender, bei den Begriffen der Marktwirtschaft zu bleiben. „Aggression muss ein Preisschild haben", hatte EU-Kommissionspräsidentin von der Leyen beim Antrittsbesuch unseres Kanzlers gesagt. Die Preisfrage aber lautet: Was soll denn da draufstehen? Der reinen Lehre nach müsste man die Antwort darauf dem Markt überlassen. Wir meinen freilich, Putin sollte für die Erlaubnis, auch noch die restliche Ukraine besetzen zu dürfen, mindestens das Doppelte des bisherigen Annexionspreises blechen (eben so wie wir bei seinem Gas). Die Krim war ja wirklich ein Schnäppchen, das Putin weit unter dem üblichen Einmarschpreis gemacht hat.

Andererseits darf man einem Stammkunden auch etwas entgegenkommen. Als Zeichen des guten Willens sollte der Westen dem Kreml jetzt einfach das nennen, was man auf dem Flohmarkt den letzten Preis nennt, also wirklich das unterste Limit. RTL könnte vielleicht auch eine Neufassung seiner legendären Spielshow „Der Preis ist heiß" ins Programm nehmen, in der dann lupenreine Demokraten wie Putin oder Lukaschenko schätzen müssen, was der Überfall auf eine Nachbarrepublik oder die Niederschlagung einer Demokratiebewegung aktuell kosten.

In so einer Show könnte auch unsere neue Außenministerin Baerbock zeigen, dass sie weiß, wie hoch ein

Olympiaboykott in Peking zu Buche schlägt. Denn auch der wäre ja nicht umsonst zu haben. Wer nicht kommt, so tönte schon das chinesische Außenministerium, werde „unweigerlich den Preis für dieses Fehlverhalten zahlen". Der Preis ist mittlerweile also sogar im kommunistischen China der heiße Scheiß, um berühmte Worte Katrin Göring-Eckardts aufzugreifen.

Ja, beim Geld hört die Freundschaft eben auf. Zum Glück aber nicht unter engen Verbündeten. Unsere Freundschaft mit Polen sei unbezahlbar, sagte Baerbock in Warschau. Und wer wollte das mit Blick auf die polnischen Reparationsforderungen bestreiten?

Massive Schweinerei: Alles wird teurer.

Herbeireden

Weiß eigentlich jemand, was aus dem Verein für deutsche Aussprache geworden ist? Der letzte uns bekannte und sich zu diesem Ehrenamt bekennende Vorsitzende war Franz Josef Strauß. Dessen Stimme wies die Richtung, als man noch zwischen Freiheit und Sozialismus wählen musste, der Russe vor der Tür stand und die SPD die fünfte Kolonne Moskaus in Deutschland war. Müssen wir noch mehr Parallelen aufzählen, um zu unterstreichen, wie sehr die Republik auch heute einen derart scharfzüngigen Redner brauchen würde?

Strauß hätte nicht nur den Genderschluckauf verhöhnt, sondern auch die schönfärberische Umbenennung von Weißrussland in Belarus nicht mitgemacht. Sprecher in Funk und Fernsehen betonen den Namen ja so, als sei von Bella Italia die Rede. Und schon gar nicht hätte Strauß es einem politischen Pygmäen wie Kevin Kühnert durchgehen lassen, den Grünen Kriegstreiberei vorzuwerfen. Das hätte der Übervorsitzende der CSU natürlich sich selbst vorbehalten.

Wo kommen wir denn auch hin, wenn die Partner einer Koalition des Fortschritts und des Aufbruchs schon in den Flitterwochen die Opposition arbeitslos machen und selbst gegeneinander stänkern? Genau das hatte der SPD-Generalsekretär getan, als er davor warnte, dass internationale Konflikte nicht „herbeigeredet werden" sollten, um unliebsame Projekte wie Nord Stream 2 zu beerdigen. Damit konnte Kühnert nur die Grünen gemeint haben, denn allein die wenden sich in Berlin vehement gegen dieses Projekt. CDU und CSU sind auch in der Außenpolitik zu solchen Leisetretern geworden, dass der prominente Münchner im Himmel nur den Kopf über seine unfähigen Nachfolger auf Erden schütteln kann.

Kühnerts Vorwurf ist so schwerwiegend, dass hienieden ein Untersuchungsausschuss prüfen sollte, ob gefährliches Gerede der Grünen oder anderer deutscher Pazifisten auch schon schuld daran war, dass Russland in der Ukraine, in Georgien, Syrien und zuletzt Kasachstan einmarschieren musste, um sein Recht auf territoriale Integrität zu wahren.

Maßgebend ist ja, wie es jetzt wieder oft heißt, nicht, was wir denken und vorhaben, sondern was Moskau darüber denkt. Und wir haben schon lange den Verdacht, dass unsere „soft power" oder das, was Bundeskanzler Scholz jetzt „demokratische Leadership" nannte, gerade für Demokraten mit deutlichen Einschlüssen eine unerträgliche Provokation sein könnte, die nur auf dem Feld der Ehre wieder aus der Welt zu schaffen ist.

Wir müssen also ganz schnell deeskalieren, schon sprachlich. Dass unsere Verteidigungsministerin ankündigte, „Putin und sein Umfeld ins Visier (zu) nehmen", hätte böse ins Auge gehen können. Da merkt man, dass Lambrecht noch nicht viel mit dem Militär zu tun hatte. Die Falken in Moskau denken bei solchen Worten doch sofort an einen Enthauptungsschlag mit einer Hyperschallwaffe. Zu einem Atomkrieg hat Lambrechts fortgesetztes Säbelrasseln, das Kühnert von einer Ohnmacht in die nächste fallen lassen müsste, vermutlich nur deshalb nicht geführt, weil der russische Geheimdienst genau weiß, dass wir Deutsche dem Zweiprozentziel beim Verteidigungsetat nicht durch die Anschaffung von Raketen näher kommen

Schweigen ist Gold: Das hätte böse ins Auge gehen können!

wollen, sondern durch die originalgetreue Restaurierung von Segelschiffen.

Unsere Sozialdemokraten sollten wirklich nicht so leichtsinnig daherplappern, sondern öfter das Sprichwort beherzigen: Reden ist Silber, Schweigen ist Gold. Wollen wir unserem Kanzler also wirklich vorwerfen, dass er so wenig sagt und das auch noch so leise? Als die SPD bei Scholz Führung bestellte, hat sie wohl das Häkchen beim Ton vergessen, vermutlich mit Absicht. Über Lautsprecher, die sich gerne reden hören, verfügt die Partei schon reichlich.

Jetzt sind freilich nicht Sprüche gefragt, sondern Taten! Es gilt zu verhindern, dass unsere grüne Außenministerin einen Krieg herbeiredet, wenn sie am Dienstag nach Moskau fliegt und ihrem hartgesottenen Kollegen Lawrow die Meinung geigt. Vielleicht sollte die SPD einen Aufpasser mitschicken. Es müsste ja nicht unbedingt so ein lupenreiner Appeaser sein wie Kühnert, für den Strauß noch einen weiteren Titel gehabt hätte: Riesenstaatsmann.

Windkraft

Wer Wind sät, wird Sturm ernten, heißt es schon im Alten Testament. Weil man aber im Westen nicht einmal weiß, wie bibelfest Putin ist, reden nun sogar Atheisten mit Engelszungen auf ihn ein, um ihn vom Sündeneinfall in die Ukraine abzuhalten. Die Frage, die Putin dabei am brennendsten interessierte (und wenn man nur ein bisschen einmarschiert, sagen wir: bis kurz vor Kiew?), hat der Chefmeteorologe im Weißen Haus gerade zur Zufriedenheit des Kremls beantwortet. Dann wird im Westen zwar ein großes Brausen und Rauschen anheben, aber der Sturm wird wohl nur die Kraft eines Lüftchens haben, das nicht einmal alle Windräder in Bayern zum Rotieren bringen könnte. Und dort gibt es ja bekanntlich nicht besonders viele.

Womit wir bei dem Gipfeltreffen wären, das im Windschatten des Ukrainekonflikts lag und daher nicht die Beachtung fand, die es verdient gehabt hätte. Gemeint ist das Aufeinandertreffen der politischen Alphatiere Söder und Habeck, die sich mit der wirklichen Schicksalsfrage der Menschheit befassten. Ukrainekrisen kommen und gehen, die Erderwärmung aber bleibt bestehen – es sei denn, die CSU gibt endlich ihren Widerstand gegen den Bau weiterer Windräder in ihrem Vorgarten auf. Offensichtlich hat die Söder-Partei Angst um ihre singuläre Stellung in Bayern. Dabei sind Windräder für die CSU keine Konkurrenz – die machen ja nicht Wind, sondern Strom.

Wie dem auch sei: Nachhilfe in „ökologischem Patriotismus" braucht die CSU natürlich nicht, schon gar nicht von so einem windigen Bürscherl aus dem Norden, das nicht einmal weiß, dass Bayern keine Landesregierung hat, sondern eine Staatsregierung. Zum Glück stufte Habeck die CSU nicht auch noch zu einer Regionalmacht herab wie Obama damals Russland. Das wäre der GAU gewesen, ein Lapsus schlimmer noch als der Bidens.

Verblüffende Parallelen zu den Gesprächen zwischen dem Westen und Russland gab es in München aber noch genug, von der Betonung der Meinungsunterschiede über das Bekenntnis zum Brückenbauen bis hin zum Streit darüber, was unter einer Offensive zu verstehen ist. Und darum, wer das letzte Wort hat.

An dieser Stelle entpuppte sich diese Münchner Konferenz endgültig als Hahnenkampf, der zudem noch in unerwartete Richtungen eskalierte. Als der Mittelfranke Söder darauf verwies, dass es den hartnäckigsten Widerstand gegen Windräder in Oberfranken gebe, und Habeck zu einem Besuch dort einlud, klang es fast ein bisschen so, als würde Putin über den Donbass sprechen. Im nördlichen Bayern hegt man jetzt aber vielleicht die Hoffnung, dass Habecks Parteifreundin Baerbock nicht nur in Kiew ein Büro für ihre Wasserstoffdiplomatie eröffnet, sondern auch eines in Bamberg oder Bayreuth.

Doch jetzt sind wir erst einmal gespannt, wie das Ringen zwischen Söder und dem sich – das ist wirklich unerhört – auch für Bayern zuständig fühlenden Vizekanzler und Bundesminister über die 10-H-Abstandsregel ausgeht. Habeck versuchte sich zum Ende seines Ausflugs in den freien Süden noch mit dem Satz einzuschleimen, er habe sich gerade in Bayern immer „politisch richtig wohlgefühlt mit der bayerischen Art, die irgendwie auch zu mir spricht". Dass er dann aber am Willen und der Fähigkeit der Staats(!)regierung zur Offensive in der Windradfrage zweifelte, konnte Söder ihm nicht einmal mehr auf mittelfränkische Art („Wind ist aus der Ferne wahnsinnig sympathisch, aus der Nähe manchmal ziemlich erdrückend") durchgehen lassen.

Hahnenkampf: Nur aus der Ferne wahnsinnig sympathisch.

Auch in diesem Konflikt scheint allenfalls noch das Normandie-Format verhindern zu können, dass Habeck die Bundeswehr im von Söder an den Pranger gestellten Oberfranken einmarschieren lässt mit der Begründung, sonst sei die Versorgungssicherheit bei Ökostrom gefährdet. Wir hätten auch schon einen Einigungsvorschlag: Die CSU könnte bei der umstrittenen 10-H-Regel bleiben, wenn das H künftig nicht mehr für Höhe stünde, sondern für Habeck, der dann den Wert dieser Variablen festlegen darf. Das wäre doch einmal ein Formelkompromiss, der den Namen verdiente.

Kanzler

Wir haben nachgeschaut, und es stimmt tatsächlich: Im Grundgesetz ist nur von einem Bundeskanzler die Rede. Der aktuelle Amtsinhaber versteht die Verfassungsordnung also in der Tat richtig. Alles andere wäre bei einem Volljuristen auch verwunderlich gewesen. Weniger kompetente Zeitgenossen fragen sich allerdings, ob wir erstmals seit der Weimarer Republik wieder ein Drei-Kanzler-Jahr erleben. Und zwar nicht nur eines, in dem drei Kanzler nacheinander regieren, sondern eines, in dem sie gleichzeitig amtieren, wenn auch auf verschiedene Weise.

Wie konnte es zu diesem verfassungswidrigen Eindruck kommen? Ganz offensichtlich glauben die meisten Deutschen, dass auch Merkel irgendwie noch Kanzlerin ist. Anders ist schwer zu erklären, dass sie weiter in den Meinungsumfragen die Liste der wichtigsten Politiker anführt, obwohl sie seit der Schlüsselübergabe an Scholz kein öffentliches Wort mehr gesprochen hat. Doch auch zuvor herrschte in Merkels Kommunikation oft das, was man in der Energiewirtschaft eine Dunkelflaute nennt. Daran hat das Publikum sich in 16 Jahren offenbar so gewöhnt, dass es Merkels Schweigen immer noch für Politik hält. Ihr Nachfolger gehört ja auch eher zu den Leisen.

Was man von ihrem Vorgänger nicht sagen kann. Der wollte seinem ehemaligen Generalsekretär wohl zeigen, dass ein Schröder auch im Ruhestand nicht zum Kellner wird, sondern Koch bleibt. Und der Baerbock, wie wenig Ahnung sie von Außenpolitik hat. Fährt die doch glatt zuerst zu den Säbelrasslern nach Kiew, ohne vorher einen Kotau im

Kreml zu machen! Das schlägt dem Fass doch wirklich den Boden aus!

Manche meinen mit Blick auf den Kalender – das Monatsende nahte –, dass Schröder mit dem Abspulen der Kreml-Propaganda nur sicherstellen wollte, auch im Februar wieder einen Scheck aus Moskau zu bekommen. Aber das wäre uns trotz der Höhe der Entlohnung, die ein Lakai Putins wohl erwarten darf, zu billig. Wir glauben eher, dass Schröder den Leichtmatrosen und Leichtmatrosinnen der Ampelregierung sagen wollte: Leute, ihr könnt es einfach nicht.

Und bestreiten lässt es sich ja kaum, dass Schröder mit seinen wenigen Machosätzen zur Krise mehr Eindruck in den Hauptstädten der Welt machte als die ganze Bundesregierung mit ihrer feministischen Wasserstoffdiplomatie. Im Ausland fragte man sich schon, ob in Wahrheit Schröder wieder an der Macht sei.

Doch kann nicht sein, was nicht sein darf! Wenn Schröder in Berlin wieder die Strippen zöge, bedeutete das schließlich, dass wir in letzter Konsequenz (schon) von Putin regiert werden würden. Freilich ließe sich auch nur so die internationale Lachnummer mit den fünftausend Helmen erklären. Der Versuchung, einen solchen irren Gag zu bringen, hätte sicher auch und gerade der Kreml-Herr nicht widerstehen können.

Da ist es verständlich, dass manche sich lieber an die Vorstellung klammern, eine Schattenkanzlerin geistere nachts durch die Gänge des Kanzleramts und gebe Scholz im Schlaf ein, was er nicht sagen und nicht tun solle. Selbst der CSU-Peacenik Söder riet Scholz jetzt dazu, sich in Sachen Russland eher Rat bei Merkel zu holen als bei Gazprom-Gerd.

Als ob Scholz den brauchte! Er hat auch ohne Nachhilfe aus dem freien Süden beschlossen, nicht länger nur Schröder die deutschen Interessen in Moskau vertreten zu lassen, sondern sich höchstpersönlich auf den Weg dorthin zu machen. Es ist auch nur recht und billig, wenn der Kanzler selbst einen der vielen Gesprächskanäle befährt, die Berlin im Zuge der internationalen Arbeitsteilung für Biden, Macron, Orbán und andere gegraben und offen gehalten hat.

Hoffentlich weckt aber in letzter Minute nicht auch noch die Gewaltenteilung Zweifel an der Macht und Alleinstellung unseres Kanzlers. Ein Telefonat, das der britische Premierminister mit Putin führen wollte, musste verschoben werden, weil Johnson sich im Unterhaus für die Besäufnisse in seinem Amtssitz zu entschuldigen hatte. Man kann sich gut vorstellen, dass Putin da wieder gedacht hat: In Demokratien ist nicht nur Opposition Mist.

Fass ohne Boden: Wie viele Kanzler haben wir?

Tisch

Ob unser Bundeskanzler demnächst im Kreml auch an dieser halbinselgroßen Platte Platz nehmen muss? An der sah schon der französische Präsident Macron aus wie der kleine Lord Fauntleroy an der Frühstückstafel seines Großvaters, des strengen Earls von Dorincourt, dessen Rolle in Moskau Putin übernahm. Dann sollte Scholz, um dem Hausherrn tief in die angeblich seelenlosen Augen schauen zu können wie weiland Biden, ein starkes Fernglas mitnehmen. Denn an diesem Möbel sitzen die Gesprächspartner so weit voneinander entfernt, dass zwischen ihnen locker eine russische Panzerdivision auf dem Weg in die Ukraine durchrollen könnte. Aber was heißt hier Möbel: Diese Mutter aller Konferenztische in Weiß und Gold ist eine Machtdemonstration, mit der Putin zeigt, dass er den längsten hat, Tisch wie Atem.

Da wird der Kanzler dann doch etwas lauter sprechen müssen, damit der Neumächtige am anderen Ende der Tafel versteht, was er ihm sagen will. Es geht um Krieg oder Frieden, da sollte es keine Missverständnisse geben. Die kann ja nicht einmal das glasklare Konzept der strategischen Ambiguität verhindern, das zur generellen Leitlinie der Ampelkoalition geworden zu sein scheint. Auch bei der Bekämpfung der Pandemie ist mehr Mehrdeutigkeit kaum möglich.

Hier wie dort, da haben unsere Politiker schon recht, muss jetzt einfach alles auf den Tisch! Der im Kreml ist groß genug dafür und auch noch in anderer Hinsicht symbolträchtig. Die mächtigen Säulen, auf denen er steht, haben sicher nicht zufällig den Durchmesser der Rohre der umstrittenen Gaspipeline Nord ... Au Backe, jetzt hätten wir beinahe den Namen genannt, der nicht genannt werden darf! Der Kanzler mied ihn in Washington wie die Zauberergemeinde in Hogwarts das Wort Voldemort. Irgendwer muss Scholz vor dem Treffen mit Biden eindringlich geraten haben: What ever you do – don't mention the pipeline! Das kann eigentlich nur unsere neue Staatssekretärin gewesen sein.

Aber was macht der Kanzler, wenn Putin ihn nach, Sie wissen schon, fragt, ganz im Vertrauen? Darauf bauen, dass niemand außer dem anwesenden KGB-Mann zuhört, kann Scholz nicht. Das Blumengesteck im weiten Niemandsland der Tafel ist bestimmt verwanzt bis zum letzten Blütenblatt.

Dass Putin auch immer gleich so übertreiben muss, beim Mobiliar wie beim Mobilmachen! Er hat, wie der Wein vom Schwarzen Meer für Macron zeigte, doch einen Sinn für subtile Botschaften. Warum ließ er nicht auch noch den bewährten Tisch aus Jalta holen, über den Stalin bei der damaligen Aufteilung Europas die Westalliierten gezogen hatte? Nein, Putin muss aller Welt beweisen, dass ihm das sogar noch bei einer sechs Meter langen Platte gelingt.

Selbst die sieht freilich nur nach Ikea aus im Vergleich mit dem wirklich großen Tisch in der Großen Halle des Volkes, an den der große chinesische Präsident Xi Jinping zum großen Staatsbankett lud. Dort konnte die illustre Gästeschar auf eine olympische Modelllandschaft schauen, deren Dimensionen ausgereicht hätten, um ganz Taiwan samt Invasionsrouten nachzubilden. Wäre das nicht auch eine Idee für den doch ziemlich kahlen Tisch im Kreml? Als Zeichen des guten Willens könnte Putin auf seiner Platte die Ukraine nachbauen lassen, diese Schönheit, die sich

Subtile Botschaften: Warum ließ Putin nicht den Tisch aus Jalta holen?

fügen muss, ob sie will oder nicht, wie er ganz volkstümlich meinte. Berlin könnte dann eine Handvoll Playmobil-Helme beisteuern, um unserer historischen Verantwortung für originalgetreue Nachbauten gerecht zu werden.

Paris ist jetzt so um Deeskalation bemüht, dass es das Placement des Kremls nicht als Provokation bewerten mag: Die Distanz sei nur Putins Angst vor Corona geschuldet gewesen. Macron wollte sich nämlich partout nicht von einem russischen Arzt testen lassen. Das musste den Russen, die sich bestens in biologischer Kriegsführung auskennen, natürlich verdächtig vorkommen. Der kasachische Präsident Tokajew dagegen zierte sich nicht so bei der Abgabe einer DNA-Probe; man kennt sich ja auch schon lange. Dieser geschätzte Besucher durfte Putin auf Nachttischchenlänge nahe kommen. Wir sind jetzt wirklich sehr gespannt, wo unser Kanzler sitzen wird.

Dank

Zugegeben: Leicht fällt es uns immer noch nicht, einer Aufforderung Putins zu folgen. Aber da in diesen Tagen jeder seinen Beitrag zur Wahrung des Friedens leisten sollte, springen auch wir über unseren Schatten. Also dann: Danke, Herr Bundeskanzler!

Gemeint ist hier nicht unser amtierender Regierungschef, zu dem kommen wir später. Zuerst müssen, was das größte Anliegen des russischen Präsidenten in der Pressekonferenz mit Scholz gewesen war, die Verdienste des Bundeskanzlers Schröder um unsere Gasrechnung gewürdigt werden. Schröder darf nach alter Sitte ja immer noch so angeredet werden. Einmal Kanzler, immer Kanzler. Nur seinem Weitblick verdanken wir, wie Putin hervorhob, dass wir nicht fünfmal so viel für unser Gas zahlen müssen wie ... wer eigentlich? Wahrscheinlich die Ungarn, für die ihr Ministerpräsident auch einen schönen Nachlass in Moskau herausgehandelt hat. Was Putin wohl als Gegenleistung von Orbán forderte? Bestimmt nicht so etwas Undankbares wie eine Justizreform.

Beim Gas sparen wir also eine Menge Kohle. Und da mosern wir an den paar Hunderttausend Euro herum, die uns Schröders Büro nebst Fahrer kosten? Undank ist der Deutschen Lohn. Zum Glück ist diese Neiddiskussion Schröder so was von wurscht! Der lässt sich ohne jede Rücksicht auf seinen Ruf sogar noch in das Direktorium von Gazprom wählen, da kann er noch mehr für uns tun. Und auch ein bisschen seine karge Pension aufbessern. In Russland weiß man Schröders Dienste eben noch zu schätzen. Der sei ein vernünftiger Mensch, vor dem er Respekt habe, sagte Putin. Uns fällt kein Zweiter ein, über den er das sagen würde.

Damit Deutschland nicht noch einmal vom Kreml daran erinnert werden muss, was Schröder für eine Respektsperson ist, sollte auf jeder Gasrechnung immer angegeben werden, wie viel wir ohne seine Fürsprache blechen müssten. Dann wäre doch sicher auch jeder bereit, ein paar Cent pro Kubikmeter für Schröders Büro zu zahlen (Schröder-Abgabe). Und dann würden wir vielleicht auch Putin mit anderen Augen sehen, also so, wie die Putinversteher das schon immer tun.

Angesichts von Putins Großzügigkeit beim Gas müssen wir uns ja wirklich fragen, ob wir bei den berechtigten Sicherheitsinteressen Moskaus so kleinlich sein sollten. Jetzt mal ehrlich: Sind die Ukrainer, jedenfalls die im Osten, im Grunde nicht doch Russen? Wenn die unbedingt heim ins Reich wollen, muss man dann nicht auch deren Selbstbestimmungsrecht achten? Was kümmern uns überhaupt diese undankbaren Völker irgendwo am Ural, denen wir schon so viel Geld (und Helme!) geschickt haben? Soll sie doch der Putin holen! Der wird schon sehen, was er davon hat.

Gerade wir Deutsche hatten mit den Zwischeneuropäern doch immer nur Zores. Wie auch jetzt wieder in der EU. Russland aber ist, wie der bayerische Ministerpräsident Söder feststellte, „kein Feind Europas". Man muss Gott wirklich für alles danken, auch für den klaren Blick der Mittelfranken.

So, jetzt aber endlich zu Scholz. In seinem Fall warteten wir vergeblich darauf, dass Putin uns zur Huldigung aufforderte. Das lag wohl daran, dass Scholz sogar lieber das Wort

Man muss Gott für alles danken: Auch für Schröder, Putin und den Mittelfranken.

Nord Stream 2 in den Mund nahm als den Namen „eines früheren Politikers", der nur für sich selbst spreche. Diese Kälte konnte Schröders Kumpel im Kreml natürlich gar nicht gefallen. Und dann erlaubte Scholz sich auch noch die subtile Bemerkung zur endlosen Amtszeit des Hausherrn. Dafür wäre ein Russe sofort ins Lager gewandert, wie es Putins sibirisches Lächeln verriet. Die Merkel, wird er sich gedacht haben, die Merkel hätte der Versuchung widerstanden.

Ja, die Kanzlerin wird von vielen vermisst, von denen man das nicht erwartet hätte, zum Beispiel auch von Erdogan, der Linkspartei und – nein, nicht von Merz. Haben Sie gesehen, wie umschwärmt Merkel in der Bundesversammlung war? Ein Fingerzeig von ihr, und nicht Steinmeier, sondern sie wäre gewählt worden. Doch ein Comeback scheint sie nicht anzustreben. Merkel wäre ja schön blöd. Angesichts der innen- und außenpolitischen Lage muss sie doch dreimal am Tag dem Herrgott dafür danken, dass sie in Rente ist.

Galgenhumor

Ja, man denkt in diesen Tagen, dass es nicht mehr schlimmer kommen kann. Aber man sollte auch nicht vergessen, dass es schon schlimmer hätte kommen können. Das glauben Sie nicht? Dann stellen Sie sich bitte vor, wie wir erst bangen und zittern müssten, wenn Donald Trump noch im Amt wäre.

Dann könnte nicht nur im Kreml jederzeit ein Irrer das Ende der Welt herbeiführen, sondern auch noch einer im Weißen Haus. Trump soll – das ist kein Witz – in der ersten Unterrichtung über das amerikanische Atomarsenal dreimal gefragt haben, wozu die teuren Spielzeuge denn gut seien, wenn er sie nicht einsetzen dürfe. Als Ersatz für den Armageddon-Knopf haben Mitarbeiter, die Trumps Präsidentschaft überleben wollten, auf seinem Schreibtisch eine Taste installiert, mit der er nur die Bitte um eine Cola abfeuern konnte. Mehr Möglichkeiten ließ man ihm nicht. Ein kluger Kopf hatte gewiss an die Folge der legendären britischen Serie „Spitting Image" gedacht, in der ein Gummi-Ronald-Reagan nicht den Knopf „nurse" drückte, sondern „nuke", versehentlich.

Spätestens jetzt werden Sie sich aber fragen: Was sollen denn diese Späßchen hier? Es ist doch Krieg! Ist da Humor, selbst schwarzer, nicht völlig deplatziert? Diese Ansicht lässt sich vertreten. Andererseits, das sehen wir in der Ukraine, kann jeder nur mit den Waffen kämpfen, die er hat. Und sollen wir Putin wirklich widerstandslos das Land der Ironie und des Sarkasmus überlassen, in das er nebenbei auch noch eingefallen ist, als er wortreich seinen Überfall auf die Ukraine begründete? Nein, das wäre Feigheit vor dem Feind! In diesem Kampf müssen wir uns wehren mit allem, was uns zur Verfügung steht, auch mit einem Galgenhumor, der noch nicht so verschimmelt ist wie der Witz mit den NVA-Raketen.

Was für ein Jammer, dass Selenskyj nicht seinem erlernten Beruf nachgehen kann und es auch im Westen keinen neuen Charlie Chaplin gibt, der jetzt eine Fortsetzung von „Der große Diktator" in die Schlacht werfen könnte. Wer weiß, welchen Lauf die Geschichte genommen hätte, wenn die Deutschen schon 1940 über diese Parodie hätten lachen können.

Putin lieferte mit seinen Inszenierungen im Kreml sogar Material für eine ganze Comedy-Serie. Denken Sie nur an die Szene, als der Geheimdienstchef zweimal den falschen Text abspulte und dann von Putin als der dümmste Spion aller Zeiten vorgeführt wurde. Eine erstklassige Mockumentary! Sacha Baron Cohen hätte das auch nicht besser spielen können.

Putins Staatsschauspieler werden die Demütigung freilich nicht witzig gefunden haben. Soll man sie bedauern? Mehr Mitgefühl hatten wir mit unseren Sozialdemokraten, als sie im Bundestag Entscheidungen ihres Kanzlers applaudieren mussten, die sie tags

Der große Diktator, Teil 2: Lachen untergräbt die Macht.

zuvor noch für des Teufels gehalten hatten. Der Krieg in der Ukraine erschütterte den Glauben der Sozis an das Gute in Putin so tief, dass selbst der SPD-Metternich Mützenich klatschte, als Scholz die milliardenschwere Aufrüstung auf Pump ankündigte. So schwer kann das für die SPD aber auch nicht gewesen sein. Sie hatte ja schon einmal Kriegskrediten zugestimmt.

Überall gehen Putin jetzt die nützlichen Idioten von der Fahne, die plötzlich nicht mehr verstehen, wie sie all die Jahre so naiv sein konnten. Sogar Matthias Platzeck reichte seinen Abschied ein. Der ehemalige SPD-Vorsitzende hatte so lange und inbrünstig „um mehr Verständnis für russische Sichtweisen, für dortige Sicherheitsbedürfnisse geworben", dass man hätte meinen können, er werde dafür ähnlich gut bezahlt wie Gerhard Schröder.

Der Altkanzler ist und bleibt freilich eine Klasse für sich. Er steht weiter in Treue fest zu Putin. Den Schröder in seinem Starrsinnslauf halten weder die Schande noch Sanktionsandrohungen auf. Da erkennt man die Geistesverwandtschaft zu seinem Herrn im Kreml, der nach dem Motto verfährt: Ist der Ruf erst ruiniert, okkupiert es sich ganz ungeniert. Ja, dieser Kalauer musste jetzt auch noch sein. Diktatoren fürchten wenig so sehr wie Witze, die über sie gemacht werden. Das Lächerliche untergräbt ihre Macht. Darum, Leute, lacht Putin aus, auch wenn uns allen zum Weinen zumute ist!

Falken und Tauben

Die Messies haben schon recht: Man kann noch den ältesten Krempel irgendwann einmal gut gebrauchen. Das bewahrheitet sich jetzt auch im Fall der Strela-Raketen aus DDR-Zeiten, die unsere Regierung den Ukrainern als Zeichen der Solidarität schickt. Die MiGs, die ebenfalls ursprünglich Hammer und Zirkel trugen, hätten uns einfach zu viele Sympathien in Moskau gekostet. Den Ukrainern mit den unauffälligeren Fliegerfäusten zu helfen, spart uns dagegen sogar noch eine Menge Geld.

Wir hätten die Westentaschen-Raketen, die unsere Soldaten wegen des Schimmelbefalls nur noch in Schutzanzügen anfassen durften, ja irgendwann teuer als Sondermüll entsorgen müssen. So umweltvergessen wie im Ersten Kalten Krieg, als man überlagerte Signalmunition einfach verschossen hat – der Autor durfte als Wehrpflichtiger an einem solchen Feuerwerk mitwirken –, geht das in deutschen Landen nicht mehr. Bis vor Kurzem war uns der Feinstaub ja ein noch schlimmerer Feind als Putin.

Letzterer hat es sich jetzt aber sogar mit den Umweltschützern verdorben, denn Krieg ist schließlich nicht nur ein Verbrechen gegen die Menschlichkeit, sondern auch der größte Frevel gegen die Natur. Mit dem Angriff auf das Atomkraftwerk Saporischschja mobilisierte Putin sogar noch die Veteranen der Anti-AKW-Bewegung, die seit ihrem epochalen Sieg über die zivile Nutzung der Atomkraft ziemlich schlapp in ihren Rollatoren hingen. Putins Feldzug aber erinnerte sie daran, dass es jenseits der deutschen Grenzen noch ganz viele Atommeiler gibt, gegen die es sich zu

Die Rückkehr der Pickelhaube:
Was ist bloß mit den Pazifisten los?

kämpfen lohnt, wenn auch nicht unbedingt so, wie es der Russe tut. Der kappte sogar noch die Leitungen in den Sarkophag von Tschernobyl. Putin ist einfach nichts heilig.

Dabei scheint er selbst übernatürliche Kräfte zu besitzen. Ist es nicht unfassbar, wie schnell ihm die Gleichschaltung der öffentlichen Meinung auch bei uns gelang? Überall werden jetzt Pflugscharen zu Schwertern umgeschmiedet. Es findet sich kaum noch ein Pazifist, der meint, wir sollten jetzt auch noch die andere Wange hinhalten, also Putin Polen, Lettland oder wenigstens Sachsen anbieten. Kein einziges Mal seit Kriegsbeginn haben wir den alten Schlachtruf der Friedensbewegung gehört „Lieber rot als tot!". Das kann doch nicht nur daran liegen, dass sich auf Putin so wenig reimt. Es ginge zur Not doch auch „Lieber Putin als Xi Jinping!".

Liebe Leute, die ihr all die Jahre auf der anderen Seite der Barrikade standet: So macht das keinen Spaß mehr! Wir feldgrau gewordenen Falken haben von euch Tauben und Blinden doch nie die bedingungslose Kapitulation gefordert. Aber natürlich hätten wir damit rechnen müssen, dass euer Sauhaufen nicht einmal einen geordneten Rückzug hinbekommt, wenn der Russe ernst macht. Ja, das hat man als Zivi im Altenheim eben nicht gelernt!

Selbst die Kollegen von „Die Anstalt" reden auf einmal über die NATO, als hätten sie in Charkiw ein Damaskus-Erlebnis gehabt. Wir rechnen angesichts des neuen Mainstream-Militarismus stündlich damit, dass in den Volkshochschulen Kurse zur soldatischen Grundausbildung angeboten werden. (Das Zerlegen eines Sturmgewehrs kann unserer Erinnerung nach durchaus etwas Kontemplatives haben.) Bestimmt werden im Netz bald Influencerinnen darüber räsonieren, was besser zum #outfitoftheday passt, das G 36 oder die Kalaschnikow.

Hunderte junge Deutsche sollen sogar schon in die Ukraine gezogen sein, um dort als Kriegsfreiwillige zu kämpfen. Solchen Idealismus gab es seit Langemarck nicht mehr. Bekommt jetzt selbst die Aktion Sühnezeichen ein neues Vorzeichen, da wir aus unserer Vergangenheit andere Verpflichtungen ableiten als bisher? Schimmert am Ende schon wieder überall Preußen durch? Ist das Stadtschloss vielleicht doch nicht nur Fassade? Wir hatten schon geahnt, dass der Aluhut bloß ein Zwischenstadium bei der Rückkehr der Pickelhaube auf unsere Häupter ist. Und wer betagte Flugabwehrraketen wieder zum Fliegen bringt, baut auch schnell die V2 nach. Mit den verschimmelten Sprengköpfen haben wir den Ukrainern übrigens ganz schön was eingebrockt: Sofort klagen die Russen über biologische Waffen.

Mücken

Fangen wir mit einem alten Witz an: Woran erkennt man den freundlichen Motorradfahrer? An den Fliegen zwischen den Zähnen.

Auch daran, dass uns nach Jahrzehnten dieser geschmacklose Scherz, Chitin schmeckt ja nach nichts, wieder einfiel, ist Putin schuld. Der verglich die oligarchischen Verräter, die in ihren Villen in Miami oder an der Côte d'Azur „nicht auf Gänseleber, Austern oder sogenannte Geschlechterfreiheiten verzichten können", mit Mücken, die dem anständigen russischen Volk versehentlich in den Mund geflogen seien, von diesem aber natürlich sofort ausgespuckt würden – so schlecht ist die Versorgungslage auch noch nicht.

Zwar könnte es in Russland durchaus einzelne aufrechte Patrioten geben, die insgeheim lieber in Nizza Austern essen würden als in Nowosibirsk Analogbuletten von „Onkel Wanja", der jetzt McDonald's ersetzen soll. Aber natürlich halten die braven Untertanen sich an Putins neuestes Dekret: Zeige mir, was du isst, und ich sage dir, wer du bist. Und woran würde man Dekadenz, sklavisches Bewusstsein und die Zugehörigkeit zur Fünften Kolonne des Westens besser erkennen als an der Vorliebe für Chicken Wings und Cola light? Fast Food ist verräterisch, seine Verbreitung in Putins Reich ein weiterer Beweis dafür, dass die Amis Russland bis hinunter zum Mastdarm ruinieren wollen.

Doch zum Glück gibt es ja einen neuen Doktor Schiwago, der seinem Volk nun eine „natürliche und notwendige Selbstreinigung" verordnet hat, wahrscheinlich mit dem bewährten Glaubersalz. Diese Rosskur wird die Lust der Oligarchen, in die von ihnen so liebevoll ausgeplünderte Heimat zurückzukehren, nicht unbedingt vergrößern. Bloß, wo sollen die jetzt hin? Selbst in Londongrad, dem sie mit ihren Milliarden zu einer Sumpfblüte sondergleichen verhalfen, sind sie nicht mehr wohlgelitten. Nicht einmal Abramowitsch bekam die Gelegenheit, schnell noch Chelsea, seine Yachtflotte und ein paar Häuschen zu verkaufen, bevor sie beschlagnahmt wurden.

Ja, wer zu spät abhaut, den bestraft das Leben. Der Wind of Change kann ganz plötzlich drehen. Das wissen die Angehörigen der Fünften Kolonne Moskaus, Sektion Deutschland, offenbar besser als die von Putin entlarvten Verräter am russischen Volk. Insbesondere unsere einstigen Topleute von der Toskana-Fraktion behalten das Heft des Handelns in der eigenen Hand. Das verbindet am Ende zweier langer Karrieren und einer ausgeprägten Feindschaft nun sogar Oskar Lafontaine mit Gerhard Schröder.

Beide wollten nicht darauf warten, dass ihnen irgendwelche undankbaren Kretins das Parteibuch oder die Ehrenbürgerschaft entziehen. Dem kamen sie mit selbsterklärtem Austritt beziehungsweise Verzicht zuvor. So hatte es Putin ja auch beim Europarat gemacht.

Diese Parallele fällt auf. Man möchte fast von einer konzertierten Aktion sprechen. Ob die wechselseitige Abstimmung der eigentliche Zweck von Schröders geheimnisvoller Reise nach Moskau war? Oder brachte er seinem Kumpel im Kreml nur ein letztes Happy Meal vorbei? Wir glauben Putin nämlich auch nicht mehr, dass der Teufel in der Not Fliegen frisst. Er sieht jedenfalls nicht so aus, als würde er sich nur von Birkenrinde und Taigatee ernähren.

Vielleicht holte Schröder sich aber auch bloß noch einen Eimer Kaviar aus der Beluga-Reserve des Kremls ab, bevor

*Patriot und Verräter: Zeige mir, was du isst,
und ich sage dir, wer du bist.*

das Embargo griff. Jedenfalls aus russischer Sicht gäbe es bei dieser hochpatriotischen Speise keinen Gegensatz zwischen dem Fressen und der Moral. Und auch beim selbstlosen Einsatz für den Frieden gilt das alte Bundeswehr-Motto: Ohne Mampf kein Kampf. Womit soll Schröder sich und seine Frau Soyeon denn ernähren, wenn es in den deutschen Supermärkten nicht einmal mehr Mehl gibt?

Wenn das so weitergeht, werden wir alle den Gürtel enger schnallen und wohl auch über das absichtliche Verschlucken von Insekten nachdenken müssen. Da schüttelt es Sie? Käfer und Maden werden schon von zwei Milliarden Menschen gegessen. Nein, das war jetzt kein Witz.

Aneignung

Immer wieder schreiben uns andere alte weiße Männer, dass sie diskriminiert würden, weil sie alt, weiß und Männer seien. Dafür könnten sie doch nichts! Und was sie denn dagegen machen sollten? Wir empfehlen ihnen dann, am besten erst einmal ihren Apotheker oder Urologen zu konsultieren. Denn wir wissen auch keinen Rat, der bei einem solchen dreifachen Übel sofort Abhilfe schaffen würde.

Am Alter lässt sich ja kaum etwas ändern. Schwarz schminken geht schon lange nicht mehr. Und als Rothaut verkleiden darf man sich nicht einmal mehr im Fasching. Noch am ungefährlichsten erschiene es uns, die Flucht aus der muffigen Männerecke in Frauenklamotten zu wagen. Es war nur früher heikel, im falschen Fummel erwischt zu werden, etwa als Preuße in einer Lederhose. Heutzutage dagegen muss man bloß etwas von Transgender murmeln, und schon hat man auch beim Gang zur Toilette die freie Auswahl, selbst auf dem Oktoberfest.

Vorsicht sollte man jedoch immer noch walten lassen, wenn es darum geht, welche Frisur beziehungsweise Perücke bei der Verwandlung in eine Frau oder etwas anderes helfen soll. Die Wahl der Haartracht kann zu einer extrem haarigen Angelegenheit werden, wie der Fall der jungen weißen Musikerin Ronja Maltzahn zeigt.

Die wollte auf einem Konzert für den Frieden und gegen die Diskriminierung aufspielen, ist von Fridays for Future, Ortsgruppe Hannover, aber wieder ausgeladen worden, weil sie Dreadlocks hat. Also jene verfilzten Haarsträhnen, die wir alten weißen Männer nicht ganz ohne Neid als

Zeichen für nicht nachlassendes Haarwachstum, erfrischenden Nonkonformismus und grenzenlosen Haschischkonsum gehalten hatten. Da sieht man wieder, dass wir zu Recht gehatet werden: Keine Ahnung von nichts!

Allerdings wusste, was uns wirklich wundert, auch die junge Musikerin nicht, dass es ein schweres Vergehen ist, wenn eine weiße Person, egal ob m, w oder n, Dreads trägt. Das ist nämlich wie das Blackfacing eine Form der „kulturellen Aneignung", mit der man bestenfalls zeigt, dass man sich noch nicht ausreichend mit der sehr langen Geschichte des Kolonialismus, des Rassismus und der gegen sie kämpfenden Bewegungen auseinandergesetzt hat.

Die Bewegung Fridays for Future, Ortsgruppe Hannover, begründete das Auftrittsverbot auch noch damit, dass „das Auftreten einer weißen Person in Dreadlocks auf unserer Bühne für BiPoCs den Eindruck erwecken kann, dass diese Bewegung für sie keinen Safer Space darstellt". Sie wissen nicht, was BiPoCs sind? Das sagt schon alles über Sie. Bei Ihnen ist Hopfen und Malz verloren.

Der jungen Musikerin aber traute Fridays for Future, Ortsgruppe Hannover, noch Läuterung zu: Sie dürfe auftreten, wenn sie sich zuvor die alten Zöpfe des mangelnden Problembewusstseins abschnitte. Dann aber fiel den jugendlichen Umweltaktivisten ein, dass auch das unmöglich ist, weil das Kürzen des Filzes ein Eingriff in die Privatsphäre der Künstlerin wäre. Ausweglos das Ganze, wie in einer griechischen Tragödie!

Etwas Gutes aber hat auch dieses deutsche Drama: Auf Putin, der ja immer noch über genügend Zuträger verfügt, muss diese Episode abschreckender wirken als alle schnellen Eingreiftruppen der NATO zusammen. Die westliche Antidiskriminierungskultur mit ihren Fallstricken kann

*Frisch poliert: Doch vielleicht hätten Dreadlocks
mehr Eindruck auf Putin gemacht.*

ihm nur vorkommen wie ein Stacheldrahtverhau, in dem sich selbst kahl geschorene Invasoren hoffnungslos verfangen würden.

So gesehen war es vielleicht ein Fehler, dass Macron und Scholz ordentlich gekämmt beziehungsweise frisch poliert nach Moskau gefahren sind. Man stelle sich vor, die wären im Kreml mit Dreadlocks aufgekreuzt! Den Begriff übersetzt man bestimmt auch ins Russische mit: Locken zum Fürchten. Da hätte Putin aus Angst vor kultureller Ansteckung nicht nur auf sechs Meter Abstand bestanden. Und sich die Sache mit der Aneignung der Ukraine, dieses Vorpostens des bis in die Haarspitzen durchgedrehten Westens, vielleicht auch noch einmal überlegt.

Verstehen

Rubel oder nicht Rubel, das ist immer noch die Frage. Und weiter eine schwierige. Selbst der italienische Ministerpräsident Draghi, der als EZB-Präsident in der höchsten Liga der Währungsjongleure gespielt hatte, bekannte, dass er nicht sicher sei, ob er Putins Umtauschdialektik gänzlich verstanden habe. Und auch unser Bundeskanzler, ein ehemaliger Finanzminister, der sogar schon als Hamburger Bürgermeister mit den komplexen Cum-ex-Geschäften befasst war, bat nach seinem Privatissimum mit Putin um eine schriftliche Erläuterung, „um das Verfahren besser zu verstehen", wie sein Sprecher sagte.

Wie schwer unsere Politiker sich damit tun, den Schachzügen des Strategen im Kreml zu folgen, bestätigte auch dessen Sprachrohr Peskow. Mit Blick auf das amerikanische Außenministerium und das Pentagon, zu deren Handlangern Draghi und Scholz aus Moskauer Sicht zweifellos zählen, sagte Peskow: „Sie verstehen einfach nicht, was im Kreml passiert. Sie verstehen Präsident Putin nicht. Sie verstehen den Mechanismus von Entscheidungen nicht. Sie verstehen den Stil unserer Arbeit nicht."

Da kann man dann schon verstehen, dass der Kreml frustriert ist über den Westen. Putin führt seinen Arbeitsstil ja nicht erst im Rahmen der Sonderoperationen in der Ukraine vor. Seine filigranen Methoden lassen sich schon seit dem Krieg in Tschetschenien bewundern. Wie der Entscheidungsmechanismus im Kreml funktioniert, war erst kürzlich zu verfolgen, als die schönsten Szenen aus einer Sitzung des Präsidenten mit seinen unfähigen Lakaien im

Fernsehen liefen. Und dann hat Putin doch auch noch stundenlang Vorlesungen über sein Geschichtsbild gehalten, um seine Motive für die Befreiung der Ukraine von den Nazis verständlich zu machen.

So viel Transparenz und Kommunikation waren im Kreml nie! Putin muss eine Unternehmensberatung aus Deutschland angeheuert haben, die sonst Zeitungshäuser auf Vorderfrau bringt. Aber wahrscheinlich schauten die Regierungschefs im Westen lieber noch einmal „House of Cards" als das Reality-TV aus Moskau.

Die eigene Ahnungslosigkeit hinderte das perfide Amerika freilich nicht daran, das Gerücht zu verbreiten, Putin wisse nicht wirklich, wie zum Beispiel der Krieg in der Ukraine laufe. Über diesen stümperhaften Versuch einer Beleidigung kann der KGB-Mann an der Spitze des russischen Staates aber bestimmt nur lachen: Der Zar sieht alles, der Zar weiß alles.

Putin hat bestimmt auch schon dekretiert, dass niemals über ihn ein Satz gesagt werden darf wie „Das hat der Führer nicht gewusst". Hitler soll am Schluss ja sogar selbst geäußert haben, auf seinem Grabstein müsse stehen, er sei ein Opfer seiner Generale gewesen. Eine solche Weinerlichkeit sollte man von Stalins Enkel nicht erwarten.

Das bringt uns noch zu einem anderen Verhalten, für das uns jedes Verständnis fehlt. Da haut der Oscar-Gewinner Smith auf offener Bühne einem anderen Komiker dermaßen eine runter, dass es einen italienischen Fußballspieler zweimal überschlagen hätte. Und wer heult danach Rotz und Wasser? Nicht das Opfer. Auch nicht die Frau, um die es ging. Der Schläger. Da konnten Männer wie Putin, die sich aus den Petersburger Hinterhöfen nach oben boxen mussten, nur angewidert wegsehen.

Doch auch in Amerika gibt es noch richtige Kerle. Der Tesla-Gründer Musk verteidigte nicht nur die Ehre seiner Frau, sondern des ganzen Westens, indem er den gefürchteten Judoka Putin zu einem Zweikampf um die Ukraine aufforderte. Nicht wahr, Herr Präsident, einen solchen Oligarchen hätten Sie bestimmt auch gerne! Die russischen Milliardäre kniffen aber genauso wie ihr Chef. Reagiert auf den Fehdehandschuh hat nur dessen Mann fürs ganz Grobe, der Tschetschene Kadyrow: Es sähe unsportlich aus, wenn Putin einen viel schwächeren Gegner verprügelte.

Jetzt verstehen aber auch wir den Kreml nicht mehr. Solche Skrupel hatte Putin jedenfalls nicht, als er an die Matte trat, um diesen drogensüchtigen Selenskyj aufs Kreuz zu legen, gleich beim ersten Angriff.

Zweikampf mit Putin: Sähe das unsportlich aus?

Selbstkritik

Hurra, wir haben gesiegt, erstmals wieder seit 1870/71! Und wir können uns, was ebenfalls alles andere als selbstverständlich ist, richtig gut dabei fühlen. Denn dieses Mal waren wir klar auf der Seite der Opfer und führten einen gerechten Krieg gegen einen Feind, der so heimtückisch über uns hergefallen war, dass sogar Putin noch etwas von ihm hätte lernen können.

Wie? Sie meinen, es sei noch zu früh, unseren Triumph über Corona zu feiern? Der deutsche Defätismus ist wirklich unausrottbar. Nehmen Sie sich bitte ein Beispiel an unseren Politikern, die sind da viel besser drauf. Die wollen nach dem langen Kampf gegen die Pandemie nun wenigstens den Freedom-Day-Bonus kassieren, weil es mit der Friedensdividende ja Essig ist.

Aber immerhin hat der Zwei-Fronten-Krieg ein Ende. Unter diesen Umständen muss unsere Devise jetzt lauten: Kanülen zu Kanonen! Wer braucht denn noch Spritzen, wenn die Republik auf Impfpflicht, Lockdown und FFP2-Masken verzichten kann? Wenn das nicht bedeutet, dass wir das Virus vernichtend geschlagen haben, was dann?

Gut, unser General Lauterbach machte, als die Siegesparade in Berlin schon fast das Brandenburger Tor erreicht hatte, noch einen Rückzieher bei der Aufhebung der Quarantänepflicht. Aber wahrscheinlich suchte er nur krampfhaft nach einem Grund für die Selbstkritik, die in Berlin schwer in Mode ist, seit der Bundespräsident damit angefangen hat. Ob Morgenmagazin oder mitternächtliche

Talkshow: Auch in den medialen Beichtstühlen der Republik heißt es nun: Mea culpa, mea maxima culpa!

Die Selbstanklage, da zahlt sich jahrzehntelange Erfahrung aus, feiert fröhliche Urständ. Der Gesundheitsminister geißelte sich wegen seiner Entscheidung, die Isolationspflicht aufzuheben, nicht nur im Fernsehen, sondern zur Sicherheit auch noch einmal auf Twitter. Wie ernst es ihm damit war, zeigte die Uhrzeit. Die Sprecher der Morgennachrichten konnten dann mit bebenden Stimmen berichten: Seit 2.37 Uhr wird jetzt zurückgenommen.

Beim Abschwören vom Glauben an das Gute in Putin tun die Genossen sich aber deutlich schwerer. Es würde diese Kolumne sprengen, wenn man hier die Namen all der Sozialdemokraten auflisten wollte, die sich noch kübelweise Asche aufs Haupt kippen müssten (ash bucket challenge), aber sich noch nicht einmal die Haare gerauft haben.

Doch auch im christlichen Lager gibt es Politiker, die ihr Gewissen erleichtern sollten. CSU-Chef Söder etwa hatte noch vier Wochen vor Putins Überfall auf die Ukraine gesagt: „Russland ist ein schwieriger Partner, aber kein Feind Europas." Diese Behauptung über den schwierigen Partner lässt sich nur aufrechterhalten, wenn man meint, die Ukraine gehöre zu Asien oder Afrika.

In zwei Fällen fällt die Weigerung, Irrtümer einzugestehen, ganz besonders auf. Natürlich bei Schröder, der inzwischen erfolgreich auf Unzurechnungsfähigkeit plädieren könnte. Aber auch bei seiner Nachfolgerin, die ebenfalls erste Symptome des Starrsinns zeigt, den die Krankenkassen langsam als Berufskrankheit anerkennen müssten, jedenfalls bei Bundeskanzlern.

Auch Merkel ging wegen ihrer Russlandpolitik noch nicht nach Canossa und auch nicht nach Butscha, wohin

Zum Haareraufen: Lieber in die Toskana als nach Canossa.

Selenskyj sie eingeladen hat. Sie fuhr lieber mit ihrer alten Busenfreundin Schavan in die Toskana. Das wirkte ähnlich weltentrückt wie in einem anderen Fall die Geburtstagsparty auf Mallorca. Ehrlich gesagt würden aber auch wir lieber die Kulturschätze Italiens besichtigen als den Krieg in der Ukraine. Allerdings warnten wir schon immer vor Putin.

Doch müssen wir bekennen, trotzdem mit Gas geheizt zu haben, von dem wir jedenfalls wussten, dass es nicht aus der Steckdose kommt. Das Märchen unserer Politiker, der flüchtige Stoff aus Sibirien sei eine Brücke in unsere Zukunft wie auch zu unseren russischen Nachbarn, haben wir freilich keine Sekunde lang geglaubt. Wir wollten, so viel Selbstkritik muss sein in diesen Zeiten, es einfach nur warm haben.

Panzer

Die Älteren unter uns erinnern sich sicher noch an „Ein Platz für Tiere". Das war jene legendäre Fernsehsendung des Zoologen Bernhard Grzimek, in der immer auch ein Affe oder ein anderes Vieh auf dem Schreibtisch hockte und Faxen machte. Nicht selten brachte Grzimek sogar eine Raubkatze mit ins Studio, die jedenfalls junge Zuschauer befürchten ließ, dass sie den freundlichen älteren Herrn, der sie so leichtsinnig hinter den Ohren kraulte, auffressen könnte.

Wieso uns dieses Kindheitstrauma nach Jahrzehnten wieder plagt? Weil die deutsche Politik zu einem Platz für Tiere geworden ist wie nie zuvor. Gut, auch früher flatterten hin und wieder eine Stupsnasenfledermaus oder ein Juchtenkäfer durch die Debatten. Nun aber schleichen gleichzeitig Leopard, Gepard, Puma und Marder durchs Berliner Regierungsviertel. Die Raubtiere sind in aller Munde, seit unsere Politiker bemerkt haben, dass Putin ein Wolf im Schafspelz war. Man musste schon so sehbehindert sein wie die Blindwühle namens „Dermophis donaldtrumpi", um das erst jetzt zu erkennen.

Auch im Fernsehen und im Netz sieht man nun ständig Katzenvideos, freilich andere als bisher. Die Aufnahmen, oft noch in Schwarz-Weiß, zeigen uns Panzer, denen die Namen der tierischen Prädatoren gegeben worden sind. Der Rückgriff auf Brehms Tierleben bei der Tank-Taufe hat in Deutschland Tradition, und das nicht erst seit Grzimeks Zeiten, sondern schon seit Hitlers. Uns hat es sehr gewundert, dass die SPD nicht an diese historische Belastung erinnerte, als sie verzweifelt nach Argumenten suchte, um die Lieferung von Panzern an Kiew zu verhindern. Marder, Luchse und Pumas hatte schon die Wehrmacht im Einsatz, auch in der Ukraine. Einen Gepard gab es damals aber noch nicht, weswegen den Sozialdemokraten in seinem Fall die Wende – die Scholz-Partei musste schon wieder wie ein Panzer auf der Stelle drehen – noch am leichtesten fiel. Eine Genossin beruhigte sich und andere mit dem Hinweis, dass es sich beim Gepard um eine Defensivwaffe handele. Der tierische Namensgeber ist ja auch nur eine Defensivkatze. Bei Grzimek jedenfalls lag er – zum Glück – nur faul herum. Da war selbst die Steinlaus angriffslustiger.

Wie dem auch sei: Plötzlich haben wir in Berlin so viele Spezialisten für Waffensysteme und ihre Einsatzmöglichkeiten, dass wir mit ihrer Hilfe die halbe ukrainische Armee ausbilden oder selbst eine Panzerdivision aufstellen könnten. Das ist eine steile Lernkurve für ungediente Politiker, die bis vor Kurzem ein Sturmgewehr nicht von einem Blasrohr unterscheiden konnten. Wir vermuten freilich stark, dass zum Beispiel unser neuer Generalmüslimarschall Hofreiter schon in der Teestube heimlich Panzer-Quartett spielte, so firm wie er bei Kaliber und Kadenz ist. Schade nur, dass unsere Außenministerin Baerbock das „i" in Haubitze nicht mehr so lang ausspricht wie am Anfang ihrer militärischen Grundausbildung. Das klang fast so süß wie Mieze.

Womit wir wieder bei den gepanzerten Katzen wären. Der Marder zählt allerdings zu den Hundeartigen (Caniformia). Auch das hat man früher schon bei der Bundeswehr gelernt. Vor Umlegen des Natoknochens (Batterie-Hauptschalter) war im Marder ein Schnüffeltest durchzuführen, um festzustellen, ob Treibstoff ausgetreten war, der sich mit der Luft zu einem explosiven Gemisch hätte verbinden können, was tatsächlich vorkam.

Wie mag es da erst in den Veteranen riechen, die seit Jahrzehnten auf den Hinterhöfen unserer Rüstungsschmieden vor sich hin tröpfeln und sich nie hätten träumen lassen, dass sie als Panzer-Volkssturm doch noch in die Schlacht rollen würden – mit dem Segen jener, die bis vor Kurzem ihre Gattung endgültig hatten ausrotten wollen? Ob dereinst in Kiew oder Charkiw ein Gepard und ein Leopard ein Befreiungsdenkmal schmücken wie die T-34-Tanks das Sowjetische Ehrenmal in Berlin? In anderen Ländern sind Stalins Lieblingsfahrzeuge schon vor Jahren von den Sockeln geholt worden. Wir Deutsche aber trennen uns immer noch nur sehr schwer von unseren Panzern, den eigenen wie den russischen.

Defensive Raubkatzen: Das klang fast so süß wie Mieze.

Ringtausch

Lange haben wir sie nicht mehr gesehen, diese freundlichen Herren oft in Bahnhofsnähe, die uns Geld schenken wollten, wenn unsere Augen so schnell gewesen wären wie ihre Finger. Wir sollten ihnen nur sagen, unter welcher der drei Nussschalen oder Streichholzschachteln sich das Kügelchen befinde, und schon bekämen wir das Doppelte unseres Einsatzes zurück. Wir waren jung und hätten die Knete gebraucht. Doch leider tauchte das Kügelchen immer seltener da auf, wo man es ganz sicher vermutet hatte, sodass der Finanztransfer zunehmend nicht in der Richtung verlief, die uns so überzeugend in Aussicht gestellt worden war. Seither verstehen wir, dass am Bahnhof Leute um einen Euro betteln, weil sie kein Geld mehr für die Heimfahrt haben.

Wieso uns die Hütchenspielerei nach all den Jahren wieder einfällt? Weil sie jetzt auf höchster Ebene und im ganz großen Stil betrieben wird. Das Kügelchen – das sind die Panzer, die wir angeblich der Ukraine liefern wollen. Die Schächtelchen – das sind die Behauptungen, was mit diesen Oldtimern geschehe beziehungsweise nicht geschehe aus den unterschiedlichsten Gründen (Geheimhaltung, Angst vor Putins Rache, fehlende Feinstaubfilter). Könnten Sie etwa mit Gewissheit sagen, unter welcher der drei Nussschalen gerade die Geparde stecken? Unter welchem Schächtelchen die Marder? Und unter welchem Deckelchen nur das schlumpfige Grinsen des Hütchenspielers lauert, das wir nicht vergessen können?

Es ist schon klar: Die Waffenschieberei soll vor allem Putin verwirren. Der spielt in der Ukraine ja auch alles oder nichts. Doch scheint inzwischen selbst die Bundesregierung nicht mehr genau zu wissen, wo die vielen Kugeln sind, die sie ins Spiel gebracht hat. Dass dieses ein doppeltes sei, wie Oppositionsführer Merz meinte, ist eine glatte Untertreibung.

Sogar in den Reihen der angeblich mitregierenden FDP wird inzwischen von einem „Kuddelmuddel" gesprochen. Die wehrhafte Ausschussvorsitzende Strack-Zimmermann nannte den Kanzler zwar nicht einen Hütchenbetrüger; so mies ist die Stimmung in der Koalition noch nicht. Doch für einen Spieler hält sie Scholz: Der habe „die Fäden in der Hand und kann die Puppen entsprechend tanzen lassen". Die Puppen? Tanzen lassen? Uiuiui, wenn das der Frankfurter Oberbürgermeister gesagt hätte! Zum Glück ist der aber hormonell außer Gefecht gesetzt. Strack-Zimmermann kann nur die Ministerinnen für das Äußere, das Innere und die Verteidigung gemeint haben. Alle drei gehören dem Bundessicherheitsrat an, der über die Waffenlieferungen an die Ukraine entscheidet.

Diese Puppen haben auch den sogenannten Ringtausch beschlossen, mit dem nicht der jedenfalls von Lambrecht ersehnte Wechsel auf Faesers Platz und deren Abschiebung nach Hessen gemeint ist, sondern die Lieferung von deutschen Panzern an Verbündete im Osten, damit die dann noch ältere Tanks an die Ukraine abgeben können. Diese XXL-Version des Hütchenspiels scheint die Koalition aber völlig zu überfordern. Warschau steht offenbar kurz davor, uns den Krieg zu erklären, weil Berlin immer noch keine Panzer nach Polen geschickt hat. Wir leben wirklich in seltsamen Zeiten.

Unvergesslich: Das schlumpfige Grinsen des Hütchenspielers.

Der Rückgriff auf die Ringtauschparabel ist auch noch aus einem anderen Grund nicht glücklich. Der Ring wäre ja erst geschlossen, wenn Kiew uns am Schluss ganz alte Waffen liefern würde, also etwa Vorderlader. Doch die Ukrainer brauchen jetzt wirklich jede Flinte selbst. Man sollte also vielleicht lieber von einer anonymen Panzerspende sprechen. Denn die Regierung Scholz will ja vor allem eines: nicht als Waffenlieferant auffallen, besonders nicht in Moskau. Da nimmt sie lieber die Gefahr in Kauf, in den Augen der Welt als „kompletter Bremser und Loser" (wieder Strack-Zimmermann) zu gelten, der weder das Organisieren noch das Kommunizieren beherrsche. Diese Kritik, die glatt vom ukrainischen Botschafter stammen könnte, wird der SPD bestimmt nicht gefallen. Wir selbst rechnen mit Protesten wegen des Vergleichs der Bundesregierung mit den Hütchenspielern. Den lassen die Profis vom Bahnhof bestimmt nicht auf sich sitzen.

More beef

"More beef wäre wirklich sehr vernünftig gewesen", rief der Kanzler am Mittwoch im Bundestag gleich zu Beginn seiner Rede. Hatte man ihm zum Frühstück nur einen Blumenkohltaler mit einem Bärlauch-Smoothie serviert? Seit die Grünen mitregieren, wird es doch wohl wenigstens im Kabinett wieder einen Veggie-Day geben. Oder sind in Berlin nun auch schon bei der Fleischversorgung die Lieferketten gerissen? Das wäre fatal, denn an nicht aufgetischten Currywürsten ist bekanntlich sogar schon einmal eine Kanzlerehe gescheitert.

Doch keine Sorge, der kurzzeitige, aber weltgewandte Ausflug des Regierungschefs ins Englische sollte nur dazu dienen, die Vorhaltungen des Oppositionsführers als mager und blutleer darzustellen. (Sonst hätten ja auch gleich die Grünen protestiert – mehr Fleisch sei doch nicht vernünftig!) Merz hatte Scholz mit seinen Fragen nach den Waffenlieferungen an die Ukraine derart genervt, dass dem Kanzler für den Vergeltungsschlag nicht einmal Redewendungen aus der deutschen Küche genügten, obwohl die für solche Fälle ja einiges zu bieten hat. Scholz hätte doch sagen können: Das ist bloß breitgetretener Quark. Oder: dünne Gemüsebrühe. Das hätten alle verstanden, nicht nur die Vegetarier. Naheliegend wäre auch gewesen: Jetzt mal Butter bei die Fische, Herr Oppositionsführer!

Damit hätte Scholz sogar elegant den Bratenspieß umgedreht. Denn Merz hatte Scholz ja wirklich gegrillt wie einen Steckerlfisch auf dem Oktoberfest. Geradezu genüsslich in Schmalz schwenkte Merz die Weigerung des Kanzlers, der

Ukraine einen Sieg über Russland zu wünschen. Dieses Wort meidet Scholz immer noch so strikt wie früher einmal „Nord Stream 2". Auch „schwere Waffen" war in der SPD selbst nach der Zeitenwende noch ein Tabuwort. Doch nun benutzt selbst Scholz „diesen komischen Begriff". Im Bundestag sprach er sogar von einer „hochschwere(n) Waffe". Die Verwendung dieses hochkomischen Ausdrucks lässt darauf hoffen, dass Scholz und den Seinen eines Tages auch noch der „Sieg" über die Lippen kommt, wenn auch vielleicht nicht zuerst dem Sozialminister. Man könnte sich in Berlin ja zunächst einmal an einen nicht ganz so problematischen Brückenbegriff heranwagen und von „more victory" sprechen.

Zeit für diesen vorsichtigen rhetorischen Vormarsch haben wir ja noch, denn die Bundesregierung geht davon aus, dass der Krieg in der Ukraine lange dauern wird. Das ist übrigens auch die neueste Berliner Begründung dafür, dass nicht alle Waffen so schnell wie möglich geliefert werden müssen. Mit Zustellungsterminen im Herbst unterstreicht die Regierung Scholz, dass sie felsenfest an die Durchhaltefähigkeit der ukrainischen Armee glaubt. Das stärkt deren Moral auch mehr als die früheren Behauptungen aus Deutschland, Kiews Streitkräfte wüssten selbst nicht genau, welche Waffen sie brauchten und wie sie die bedienen sollten.

Nun aber hat unsere Regierung endlich ein Raketensystem auf die Speisekarte gesetzt, das Kiew schon lange haben will. Für diese Zusage dankte sogar der ukrainische Botschafter dem Kanzler, jener Diplomat also, der Scholz Anfang Mai eine beleidigte Leberwurst genannt hatte, weil der nicht nach Kiew fahren wollte. Wie aber hätte der Kanzler sich dort auch mit leeren Händen sehen

Hochkomisch: Seit wann ist mehr Fleisch vernünftig?

lassen können? Zudem wäre ihm in der Ukraine erst recht die S-Frage gestellt worden: Wie hältst du es mit dem Sieg, Scholz? Dann hätte er am Ende so um den heißen Brei herumschleichen müssen wie seine Verteidigungsministerin, der selbst ein wirklich hartnäckiger Kollege des Deutschlandfunks in mehreren Anläufen nur das Wort „bestehen" entlocken konnte – als ob der Krieg eine Führerscheinprüfung wäre.

Vom Interviewer offenbar ähnlich genervt wie Scholz von Merz, sagte Lambrecht mit Blick auf die Debatte über die Unterstützung für die Ukraine durch Deutschland: „Ich habe das Gefühl, es geht eher um Worte als um Taten." Diesem traurigen Befund kann man sich leider nur anschließen. Daher möchten wir allen Mitgliedern der Bundesregierung an dieser Stelle und ganz im Ernst zurufen: Before you go to Kiev – beef up!

Wohlfühltermine

Haben Sie am Dienstagabend auch geschwankt, was Sie im Fernsehen schauen sollen? Zur Wahl standen schließlich zwei Heimspiele von nationaler Bedeutung: das Match Deutschland – England in München, über das der Kaiser einmal so schön sagte „We call it a Klassiker", und Angela Merkels Rückkehr auf den Platz in Berlin nach Monaten der Abkopplung und des Auslüftens, wie sie ihr Untertauchen nach dem Auszug aus dem Kanzleramt nannte. Wir haben uns für die Begegnung entschieden, bei der man mit einem sicheren Sieg der Heimmannschaft rechnen konnte, auch wenn die nur aus einer einzigen Frau bestand. Und so kam es auch: Merkel wurde bejubelt, als hätte sie in einem Elfmeterschießen den entscheidenden Treffer erzielt. Oder als wäre sie die Queen.

Am Dienstag sah man, was eine Bildungsreise nach Italien, ein paar Hörbücher und fünf Wochen Einsamkeit an der Ostsee aus einer Politikerin machen können, die sich mit ihren Kritikern immerhin darin einig ist, dass 16 Jahre genug waren. So strahlend und gut gelaunt hat man Merkel seit unserem WM-Sieg 2014 nicht mehr erlebt. Allerdings war Argentinien ein ernst zu nehmender Herausforderer gewesen. Im Berliner Ensemble schien der Spielplan dagegen der Devise der deutschen Ukrainepolitik zu folgen: Merkel darf nicht verlieren.

Schließlich war und ist es ihr erklärter Wille, nur noch Wohlfühltermine wahrzunehmen. Wer möchte ihr das verdenken? Was hat die Frau nicht alles aushalten, wen hat sie nicht alles ertragen müssen! Putin. Putins Hund. Trump, der zum Glück keinen Hund hatte, weil der natürlich der größte Kläffer der Welt gewesen wäre. Seehofer. Söder. Einen Untoten. (Lieber Herr Merz, damit nicht wieder ein Missverständnis entsteht: Der Begriff „Untoter" stammt nicht von uns. Er wird hier nur zitiert, so wie damals der „Sauerland-Trump".) Und hin und wieder sogar Journalisten, die nicht nur Wohlfühlfragen stellten.

Anders als die Merkel-Hasser, die sie nach wie vor am liebsten teeren und federn würden, gönnen wir der Kanzlerin wie auch allen anderen Has-beens den Ruhestand. Die meisten fehlen uns nicht, vor allem nicht die Unfehlbaren. Aber müssten wir nicht auch und gerade unseren aktiven Politikern mehr Gelegenheiten zum Wohlfühlen geben? Uns Deutschen tun doch sogar unsere Schweine leid, jedenfalls bis zu deren Verwandlung in Nackensteaks und Schnitzel. Dass die Koalition sich nun so vehement für das sogenannte Tierwohl-Label einsetzt, kommt uns wie ein Wink mit dem Saupferchzaunpfahl vor. Der überfüllte Reichstag lässt in der Tat keine artgerechte Abgeordnetenhaltung mehr zu. Auch unsere Volksvertreter hätten mehr Frischluft und Auslauf verdient.

Und man sah ja, wie gut Merkel die Spaziergänge am Strand taten. Im Schaum der Ostsee muss es eine Renaissance gegeben haben, deren Zauber wohl nur ein neuer Botticelli einfangen könnte. Der Kollege, den La Merkel sich als Stichwortgeber für ihr Je-ne-regrette-rien erwählt hatte, war ja noch bis in die Nachspielzeit hinein hin und weg.

Dass die Altkanzlerin so vollkommen mit sich im Reinen ist, hat den Neuen in den Berliner Schaltstellen der Macht gleich gänzlich die Sprache verschlagen. Oder vernahmen Sie auch nur eine Silbe des Kommentars zu Merkels Auftritt? Bestimmt dachte aber manches

Regierungsmitglied: Was hat die doch für ein (zu besteuerndes?) Überglück, dass sie sich nicht selbst mit ihrem innen- und außenpolitischen Erbe herumplagen muss!

Und es stimmt ja: In der Ampelkoalition, die doch eigentlich eine Wellness-Oase sein wollte, sind die Wohlfühlmomente rar geworden. Wir aber wollen der Altkanzlerin dafür danken, uns einen solchen beschert zu haben. Sie führte uns vor, dass man auch in sehr schwierigen Zeiten zufrieden mit sich und der eigenen Vergangenheit sein kann. Das ist doch für uns Deutsche etwas ganz Neues. Die Entscheidung für die Merkel-Show war also goldrichtig. Beim Länderspiel gegen England hätten uns bloß wieder die alten Selbstzweifel gepackt.

Völlig mit sich im Reinen: Als wäre sie die Queen.

Einfrieren

Haben Sie schon Holz vor der Hütte? Jede leere Olivenölflasche mit Heizöl gefüllt? Talg zum Kerzenmachen besorgt? Ein Apfel- oder wenigstens Weihnachtsbäumchen gepflanzt? Denn er wird ja sicher kommen, der Untergang unserer Wintermärchenwelt, so, wie wir sie kannten und liebten, mollig warm und hell erleuchtet. Da werden viele erstmals richtig froh sein, dass die Oma ihnen wieder einen Pullover schickt, wie sie ihn schon für die Winterhilfe gestrickt hatte. Wenn Putins langer Arm es will, stehen sogar die Pyramiden aus dem Erzgebirge still. Und wer möchte noch daran zweifeln, dass der Kremlherr uns den Gashahn wieder zudreht mit Begründungen, bei denen selbst er das Lachen nicht halten kann? Dafür haben ihm die vergangenen Wochen zu viel Spaß gemacht, in denen Deutschland mit angstgeweiteten Augen fürchtete, der Dealer in Moskau werde schon jetzt keinen Stoff mehr liefern.

Putin musste nicht einmal seine Propagandaabteilungen anweisen, ein Schreckensbild zu malen, das Deutschland ohne russisches Gas zeigt (etwa so wie Sibirien bei Nacht im Schneesturm). Das Ausschmücken nahmen den Russen unsere Politiker ab, an erster Stelle der Vizekanzler und die Außenministerin – die Grünen waren schon immer prima Propheten der Apokalypse. Habeck und Baerbock sehen einen heißen Winter auf uns zukommen, wenn die Öfen kalt bleiben und die Deutschen sich in den Gletscherspalten zusammenrotten. Aber auch der CSU-Vorsitzende Söder sprach von einer drohenden Gas-Triage und erinnerte damit daran, dass es noch eine weitere Krise gibt, die – winter is coming – mit aller Macht zurückkehrt. Das Virus wird leichte Beute finden in den Fluren und Eingangshallen, die Habeck in Kühlkammern verwandeln will.

Ist es angesichts des Temperatursturzes in der öffentlichen Diskussion (bei dreißig Grad im Schatten) ein Wunder, dass nun vereinzelt gefragt wird, ob wir wirklich sehenden Auges in diese Winterschlacht an der Heimatfront ziehen müssen? Nicht nur die Besitzer von Swimmingpools dürften sich für den Vorschlag des sächsischen Ministerpräsidenten Kretschmer erwärmen können, lieber den Krieg in der Ukraine einzufrieren, als sich hierzulande Frostbeulen zu holen oder früh um fünf von zwei Herren geweckt zu werden, die nachprüfen wollen, ob der hydraulische Abgleich vorschriftsmäßig durchgeführt wurde. Besuch von der Wärmepolizei? Nein, so sei das nie gemeint gewesen, schob Habeck nach. Doch wer will nach dieser Zeitenwende noch glauben, dass es etwas nicht geben wird, nur weil es nie so gemeint gewesen sein soll?

Das ist ein bisschen auch Kretschmers Problem. Der hat nämlich nicht gemeint, dass die Ukraine kapitulieren solle, was man ihm sofort abgenommen hätte, sondern das Gegenteil: Das Einfrieren könne Deutschland und Europa Zeit verschaffen, die vernachlässigte Verteidigungsfähigkeit zu stärken. Der CDU-Mann denkt demnach also schon ans Auftauen des Krieges, natürlich frühestens nach der Landtagswahl. Allein, uns fehlt der Glaube, dass dann sächsische Freiwilligen-Bataillone, vom Eise befreit, unter Kretschmer gen Osten marschieren, um die Ukraine vom Tyrannen zu befreien. Die Russen rechnen vermutlich auch nicht damit.

Kretschmers Plan, den Krieg in der Ukraine auf Eis zu legen wie Ötzi, hat noch weitere Schwächen. Er selbst sagt, dass die Zeit im Gefrierfach für die Ukraine bitter sein

Wenn Putin es will: Steht in Deutschland alles still.

werde. Für die Ukrainer wäre es freilich auch kein Trost, dass Putin, der Großmeister des frozen conflict, jederzeit den Krieg wieder auftauen könnte (sobald er seine Munitionsdepots aufgefüllt hat), an Gas und Öl zum Heizen mangelt es ihm ja nicht. Noch nie war der Kreml um eine Begründung verlegen, warum er sich nicht mehr an Vereinbarungen und Verträge halten müsse. Zuletzt bemüht Putin dafür sogar die force majeure, die höhere Gewalt, mit der er zweifellos sich selbst meint. Deutsche Politiker erliegen dieser Versuchung noch nicht. Hierzulande kann man mit Blick auf die eine oder andere Wortmeldung allenfalls von einer farce majeure sprechen.

Scheindebatten

So langsam versteht man, warum Schröder immer noch nicht von Putin lassen kann, obwohl der ja ein strenger Abstinenzler sein soll. Ganz offensichtlich verbindet die Herren aber ein sehr ähnlicher Humor. Wie müssen sie gewiehert haben, als Schröder Putin fragte, ob er den Witz mit der Kantonslösung für den Donbass auch in Deutschland erzählen dürfe. Eine zweite Schweiz in der Ostukraine als Kompromiss zur Beendigung des Krieges! Einen besseren Gag hätte sich auch Emil Steinberger nicht ausdenken können.

Dagegen fiel Schröders Scherz, es sei auch nicht Moskaus Schuld, dass die berühmte Gasturbine immer noch in Deutschland herumliege, ziemlich ab; das ist ja ein alter Kreml-Kalauer. Außerdem hat bei diesem Thema der amtierende Bundeskanzler seinem Vorvorgänger und Nochparteifreund mit dem Ausflug zu Siemens glatt die Schau gestohlen. Ein spektakuläres Bild sagt eben mehr als tausend Propagandaworte. Und das war ja fast ein Gemälde: Olaf „You never walk alone" Scholz allein vor der mächtigen Maschine - da sah man sofort, wer der Hamlet der deutschen Politik ist: Turbine or not Turbine, that is the question.

Merz und Söder – man könnte sie inzwischen auch Herz und Seele nennen – mussten sich danach ziemlich anstrengen, um beim Kampf um die Aufmerksamkeit der nach Heizlüftern jagenden Deutschen mithalten zu können. Weniger als das Tätscheln eines Atomreaktors hätte keinen Bürger hinter dem im Baumarkt erbeuteten

Kanonenofen hervorgelockt. Eingedenk der legendären Politiker, die (angeblich) radioaktives Molkepulver gegessen oder gar den Rhein durchschwommen hatten, hätten die Unionsvorsitzenden vielleicht auch noch ein Bad im Kühlwasser nehmen sollen, um zu demonstrieren, wie unproblematisch die friedliche Nutzung der Kernkraft ist. Aber auch schon in den weißen Anzügen und gelben Gummischuhen sahen Merz und Söder wie Engel aus, die uns der Himmel im Kampf gegen die Cancel Culture geschickt hat, jedenfalls auf dem Feld der Laufzeitverlängerung.

Etwas mehr Substanz täte der Diskussion darüber wirklich gut, denn Regierung und Opposition sind sich im Streit über die Atomkraft nur in einem einig: dass es sich um eine Scheindebatte handele. Göring-Eckardt begründete diesen Vorwurf mit der Beobachtung, dass es den Oppositionellen (wohl einschließlich der FDP) ja nur darum gehe, „den Grünen eins reinzuwürgen". Von einer

Kalauer aus dem Kreml: Sie müssen sich gebogen haben vor Lachen.

Scheindebatte spricht aber auch die CSU, wenn sie beschuldigt wird, die Energiewende verschlafen, mehr als Merkel an Putin geglaubt und sich auch noch ein Gefälligkeitsgutachten vom TÜV besorgt zu haben. Uns ist Letzteres noch nie gelungen (Ruhe sanft auf dem Autofriedhof, lieber Schlumpf!), weswegen wir den Wahrheitsgehalt dieser Behauptung in die Schröder-Klasse einstufen würden, also unter zehn Prozent.

Nicht zu verwechseln ist die Scheindebatte über die Restlaufzeiten der Kraftwerke mit der „Phantomdebatte" über die Verlängerung der Arbeitnehmerrestlaufzeit bis zur Rente (erst mit siebzig), aus der Arbeitsminister Heil gleich die Luft rausließ. Diesen „unsozialen Bullshit" – ausnahmsweise hat er einmal recht, der Bartsch – wollte nicht einmal die FDP aufgreifen; die Leute haben gegenwärtig genug andere Sorgen.

Das war wahrscheinlich auch der Grund dafür, dass sich die Empörung über den abermaligen Betrug in Wembley in Grenzen hielt. Das Handspiel der englischen Kapitänin direkt vor unserem Tor schrie doch zum Himmel; es hätte allenfalls beim Volleyball als regelkonform gelten können. Doch nach dem zweitschwärzesten Tag der deutschen Fußballgeschichte gelang es nicht einmal der „Bild"-Zeitung, die Deutschen auf die Barrikaden zu treiben. Dabei wäre die Diskussion über den gestohlenen Elfmeter alles andere als eine Scheindebatte gewesen. Aber die Schiedsrichterin stammte aus der Ukraine, und da sollten wir wohl jetzt wirklich nicht kleinlich sein. Selenskyj will uns schließlich im Winter Strom liefern, wenn wir im Dunkeln und Kalten sitzen. Selbst in der Ukraine hat man mit uns deutschen Energieidioten also inzwischen Mitleid. Das ist kein schlechter Witz aus Moskau, sondern die bittere Wahrheit.

Gern

Es ist unverkennbar, dass die andauernde Hitze nicht nur im Rhein für Niedrigwasser sorgt, sondern auch in den Hirnen mancher Menschen. Im Straßenverkehr benehmen sich vor allem erhöht sitzende Teilnehmer mit getönten Scheiben, als müssten sie im Rennen um die letzte verfügbare Wärmepumpe die Konkurrenten rechts und links aus dem Weg räumen. Andere Zeitgenossen werden bei den herrschenden Temperaturen nicht aggressiv, sondern depressiv, wieder andere erfreulich expressiv. Herausragende Beispiele dafür waren zuletzt der Bundeskanzler und Erika Steinbach.

Ladys first: Die ehemalige CDU-Abgeordnete und Vertriebenen-Präsidentin brachte sich auf Facebook mit einem spektakulären Selbstbildnis in Erinnerung, das sie auf ihrem Heimattrainer zeigt – nur mit einem Bikini bekleidet. Die Neunundsiebzigjährige wollte damit belegen, dass sie weder zu Hause noch im Schwimmbad eine Burka trage, was wir bei einem AfD-Mitglied auch nicht unbedingt erwartet hätten. Lästermäuler werden sagen, in diesem Fall wäre jede Burka eine bessere Wahl gewesen als der Bikini. Uns erinnert das von der „Bild"-Zeitung nachgedruckte Foto – obwohl die ja keine Pin-ups mehr bringen wollte – aber an den Satz einer anderen Großmutter, nämlich unserer, wonach einen schönen Menschen nichts entstelle, also auch das nicht, was er nicht anhat. Und Steinbach sah ja sogar in der SS-Uniform gut aus, die ihr vor Jahren einmal eine polnische Postille angezogen hatte, was selbstredend eine ungleich größere Anzüglichkeit war.

So freizügig wie die Vorsitzende der Desiderius-Erasmus-Stiftung konnte Scholz bei seiner ersten Sommerpressekonferenz nicht auftreten. Ein Bundeskanzler in Badehose, da hätte es doch gleich wieder geheißen, der Mann bade gerne lau. Andererseits hätte er damit anschaulicher als mit seinen vielen Worten machen können, dass man einem nackten Mann (einmal Finanzminister, immer Finanzminister) nicht in die Tasche greifen kann, was die SPD-Linken ja immer noch versuchen.

Der Kompromiss bestand dann in einem offenen Hemd. Auch im Verlauf der Befragung gab Scholz sich nicht ganz so zugeknöpft wie bei anderen Gelegenheiten. Einsilbig antwortete er unserer Zählung nach nur zweimal. Das unterließ er sogar bei der letzten Frage, von der man schon befürchtet hatte, dass sie nicht mehr gestellt werden würde, obwohl sie doch mindestens so wichtig war wie die nach dem drohenden Volksaufstand: Ob er, Scholz, Merkel vermisse?

Vermisst Scholz Merkel? Das wüssten wir auch gern.

Was sagt man da bloß? Die glatte Verneinung wäre einem, der dauernd mehr Respekt fordert, bestimmt verübelt worden. Das Eingeständnis, dass Merkel ihm fehle, hätte andererseits zu einer Verschärfung der Koalitionskrise geführt. Auch dieser raffinierten Fragenfalle entkam der Kanzler mit einer scholzomonischen Antwort: Er telefoniere gern mit Merkel – aber er sei jetzt auch gern Bundeskanzler.

Beides klang so plausibel, dass man es ihm gern ohne weiteres Nachdenken abgenommen hätte. Doch hatte der Kanzler zuvor auch gesagt, dass er gern vor dem Untersuchungsausschuss in Hamburg noch einmal viele Stunden lang das zum Cum-ex-Skandal sagen werde, was er schon viele Stunden lang gesagt habe, nämlich, dass es dazu nichts mehr zu sagen gebe. Scholz wäre demnach der erste uns bekannte Politiker, der freudig bei so einem Verhör über sein schlechtes Gedächtnis spricht. Da ist doch eher zu vermuten, dass der Einsatz des Adverbs „gern" bei Scholz ein Indiz für Ironie ist. Das hieße dann allerdings auch, dass er in Wahrheit nicht gern die Fragen der Journalisten beantwortete (wie eingangs bekundet), dass er nicht gern mit Merkel telefoniert (wer weiß, wie sie ihn dabei herunterputzt) und dass er auch nicht gern Kanzler ist.

Letzteres können wir trotz der vielen Krisen, die Scholz an der Backe hat, nicht recht glauben. Wir müssen uns wohl daran gewöhnen, dass seine Botschaften manchmal mehrdeutiger ausfallen als die seiner Vorgängerin. Auch Scholzens Bekenntnis „Ich bin Mensch" gibt uns immer noch zu denken: Muss man einen derart bescheidenen Kanzler nicht einfach gernhaben?

Anraunzen

Eine Kolumne mit einem Namen wie diese hier kommt an der Beschäftigung mit breaking news, die ihren Namen wirklich verdienen, natürlich nicht vorbei. Schon gar nicht, wenn sie sich so häufen wie in dieser Woche. Kaum war bekannt geworden, dass der CDU-Vorsitzende Merz sich das Schlüsselbein gebrochen habe, wurde auch vermeldet, dass der Linken-Fraktionschef Bartsch darüber wohl nur lachen könnte, wenn eine sechsfache Rippenfraktur nicht so wehtäte. Die mit Abstand schmerzlichste und schockierendste Eilmeldung der vergangenen Tage aber kam aus dem Kanzleramt. Dort gab es einen Tabubruch, der nicht mehr mit Gips oder Titanschrauben zu heilen war.

Der Eklat ließ die Republik sogar eine Zeit lang vergessen, dass in der Ukraine ein Krieg tobt. Die Holocaust-Äußerung des Palästinenser-Präsidenten Abbas war so unerträglich gewesen, dass es dem empörten Kanzler glatt die Sprache verschlug. Noch bevor er sie wiederfand, hatte Regierungssprecher Hebestreit freilich schon die Pressekonferenz beendet. Für das Versäumnis, nicht sofort den Stab über Abbas gebrochen zu haben, wurde Scholz danach fast so heftig kritisiert wie der Holocaustrelativierer. Hebestreit versuchte, die Lanzen der Kritiker auf sich zu ziehen, etwa so wie der legendäre Ritter Winkelried in der Schlacht bei Sempach. Dass Scholz nichts mehr habe sagen können, gehe auf seine Kappe, sagte des Kanzlers Knappe. Dafür sei er auch gleich vom Chef „angerunzt" worden. Das heißt: Es gab mächtig was auf die Mütze.

Auf die eigene Kappe genommen:
Aber auch ordentlich auf die Mütze bekommen.

Doch auch damit brachte der Regierungssprecher die Kanonen derjenigen, die auf Scholz schossen, nicht zum Schweigen: Was sei denn das für ein Hausherr, der sich vom Personal das Wort entziehen lasse! Und warum habe Scholz seinen eigenen Mann zur Minna gemacht und nicht Abbas, der ja auch noch zugegen war und das doch viel eher verdient gehabt hätte? Wäre es nach Merz gegangen, der mit frisch verschraubtem Schlüsselbein den skandalösen Vorgang auf Twitter kommentierte, hätte Scholz Abbas sofort des Hauses verweisen müssen.

Genau! Denn wer weiß, zu welchen Unerträglichkeiten der Palästinenser noch imstande gewesen wäre. Da war es doch gut, dass Hebestreit ihm so schnell den Stecker gezogen hat! Muss man sich für so eine beherzte Tat wirklich anraunzen lassen, sogar noch auf offener Bühne?

Anraunzen ist zwar ein schwaches Verb, aber doch ein starker Ausdruck. Sein Gebrauch wirft die Frage auf, warum Journalisten sich überhaupt der Gefahr des Angerauntzwerdens aussetzen, indem sie die Seiten wechseln. Natürlich kann sich auch jeder einfache Schreiberling auf einer Pressekonferenz eine Ohrfeige einfangen, wenn er nur dumm genug fragt (siehe die Sommerpressekonferenz des Bundeskanzlers). Aber danach kann er sich ja in der Zeitung oder auf dem Sender ausführlich revanchieren. Diese Möglichkeit, sich Genugtuung zu verschaffen, steht Regierungssprechern nicht mehr zur Verfügung.

Was bringt selbstbewusste und meinungsstarke Journalisten, die ihr Berufsleben lang Regierungen kritisiert haben, überhaupt dazu, diesen plötzlich als Sprachrohr zu dienen? Dass man in dieser Funktion Dinge erlebt, die nicht einmal sogenannte investigative Journalisten erfahren würden, ist zweifellos reizvoll, aber vermutlich auch frustrierend: Man darf ja nicht mehr über die exklusiven Einsichten schreiben. Und der Sold allein kann es auch nicht sein – Boni wie im öffentlich-rechtlichen Rundfunk gibt es im unmittelbaren Staatsdienst nicht.

Welche Verlockung vermag also sogar ehemalige Chefredakteure auf die dunkle Seite der Macht zu ziehen? Eine frühere Kollegin verriet uns, dass es das Mitgestalten sei – das der Politik, nicht nur der Pressemitteilungen. Es scheint sie also tatsächlich zu geben, die sogenannte „Vierte Gewalt", wenn auch auf der anderen Seite der Barrikade.

Und schließlich kann ein Regierungssprecher nach vielen Jahren des treuen und selbstlosen Dienstes ja sogar Botschafter in Israel werden, das ist doch eine fürstliche Belohnung. Denn manchmal darf er selbst dort noch erklären, was der Kanzler in Berlin eigentlich hätte sagen wollen.

Waschlappen

Für alle, die darunter leiden, dass die „heute show" immer noch in den Sommerferien ist, haben wir einen Tipp zur Überbrückung: den Tiktok-Kanal der CSU. Man sollte zwar nicht erwarten, dass Markus Söder dort so einen heißen Tanz hinlegt wie seine finnische Kollegin Sanna Marin. Aber ein paar lustige Sachen macht und sagt Söder schon, jedenfalls aus unserer Sicht. Das Zielpublikum findet sie, wie wir hören, eher cringe. In jungen Jahren scheint noch nicht jeder den subtilen Sinn Söders für Satire erkennen zu können, den er schon im Begrüßungsvideo aufblitzen lässt. Dort tritt der CSU-Chef, der sich bekanntlich gern verkleidet, als Lutz van der Horst auf, da gibt es schon der Frisur halber kein Vertun. Das ist der Comedian, der für die „heute show" Politiker dazu bringt, merkwürdige Dinge zu sagen. Auf Tiktok machen die es ganz ohne einen solchen Stichwortgeber.

Auf dieser Plattform enthüllen nun selbst Staatsmänner Dinge, die man schon immer wissen wollte, sich im Interview aber nie zu fragen traute. Im Falle Söders zum Beispiel, was er an Heiligabend isst (Schaschlik, roten Heringssalat). Und ob er auch Döner mag (ja). Aber keine Sorge, liebe Stammwählerschaft der CSU: Er legte dieses Bekenntnis unter einem gut sichtbaren Holzkreuz ab.

Erfrischend war auch das Outing des bayerischen Ministerpräsidenten, gern in bayerischen Seen zu schwimmen. Die Chance, dabei elegant zu dem Thema überzuleiten, das die Deutschen derzeit aufwühlt, nutzte Söder jedoch erstaunlicherweise nicht. Er hätte doch sagen können: Im

Ging doch auch: Die Duschsucht ist ein Rätsel.

Chiemsee wird man auch sauber, aber viel billiger als in der eigenen Wanne. Ein Video, wie Söder sich unter einem Wasserfall in der Partnachklamm einmal selbst einseift, wäre erst recht viral gegangen. So aber machte nicht nur der Schnellduscher Habeck mit seinen Sparvorschlägen für das Badezimmer Furore, sondern sogar noch Söders Nachbar Kretschmann allein mit seinem Waschlappen.

Gut, über dem schwäbischen Bademeister schlugen danach die Wogen der Häme zusammen. Die aber belegen nicht, dass Kretschmann zu heiß gebadet hat, sondern, dass er einen wunden, um nicht zu sagen: feuchten Punkt in der Volksseele berührte. Die Empörung über den Aufruf zur Katzenwäsche ist nur mit der deutschen Duschsucht zu erklären. Die hat uns zweifellos der kosmetisch-industrielle Komplex in Amerika eingeimpft. Deutschland stank doch auch nicht zum Himmel, als nur einmal in der Woche gebadet wurde, und zwar in ein und demselben Wasser, dem zwischendurch allenfalls eine Brausetablette mit

Fichtennadelduft spendiert wurde. Heutzutage müsste man als Badezusatz natürlich eher Hafermilch nehmen. Auch die frühere Badefolge (Vater, Mutter, Kind) ist nicht mehr zeitgemäß. Aber die ließe sich ja ändern. Oder, bald noch einfacher: Die Badenden wechseln einfach von Woche zu Woche das Geschlecht.

Es ist und bleibt ein Rätsel, warum sich eine Nation, in deren Reihen nicht nur Politiker der Devise folgen „Wasch mir den Pelz, aber mach mich nicht nass", jeden Tag unter die Dusche stellt. Wo man in den modernen Rainshower-Kabinen mit ihren Hochdruckdüsen doch sogar aufpassen muss, nicht ertränkt zu werden; die Unterschiede zu einer Autowaschstraße sind nur noch graduell.

Und unser nationaler Waschzwang macht ja nicht einmal vor den Geldscheinen halt. Dieser Energieverschwendung will nun aber der Finanzminister mit einer neuen Behörde zu Leibe rücken. Vielleicht findet wenigstens die heraus, woher die zweihunderttausend Euro stammen, die in einem Hamburger Schließfach lagen, wahrscheinlich zum Trocknen. Derzeit weiß das aber noch keiner ganz genau, nicht einmal der Kanzler. Der wäscht seine Hände in Unschuld, auch ziemlich oft. Politik kann schon ein ziemlich schmutziges Geschäft sein.

Womit wir wieder bei Söder wären. Der hat nun auch in die Winnetou-Debatte eingegriffen, bisher aber nur auf Twitter und nur mit einem zustimmenden Wort zur Empörung über die woken Waschlappen vom Ravensburger Verlag. Dabei schreit das Thema doch nach einem spektakulären Bekenntnis zu dem edlen Indianer auf Tiktok. Müssen wir noch erwähnen, in welcher Verkleidung?

Nachrichtenvermeidung

Sie haben sich doch sicher schon selbst gefragt, warum Sie im Morgengrauen den Stecker des Radioweckers aus der Wand reißen, wenn die Nachrichten kommen; warum Ihnen Ihr teures Tablet nur noch als Schneidbrett für das Suppengemüse dient; und wieso Sie selbst diese Kolumne mit wachsendem Widerwillen lesen. Nach dem Studium mehrerer Fachartikel können wir es Ihnen sagen: Sie leiden an News Fatigue. Die Schonhaltung, die Ihr Körper dieses Erschöpfungszustands halber einnimmt, nennt man News Avoidance. Auf gut Deutsch heißt das: Sie haben die Schnauze voll von den schlechten Nachrichten und stecken den Kopf lieber in den Sand, als sich ihn weiter darüber zu zerbrechen, wohin der Wahn der Welt noch führen soll.

Das ist für uns Schreiberlinge eine weitere ungute Nachricht. Wovon sollen wir denn leben, wenn Sie unsere Krisenberichterstattung nicht mehr haben wollen? Uns Bleichgesichtern bleibt ja nicht einmal mehr der Ausweg, Indianerromane zu schreiben. Aber rein menschlich betrachtet können wir Ihre Vogel-Strauß-Strategie gut verstehen. Die Kette der Hiobsbotschaften reißt für keinen von uns ab. Und jedes Mal bekommen wir unsere Hilflosigkeit vorgeführt.

Den an uns gerichteten Aufruf „Völker, hört die Preissignale!" hörten wir wohl. Allein: Wie sollen wir die Befehle des Marktes in seinem unergründlichen Ratschluss befolgen, wenn es keine Wärmepumpen, keine Solarzellen und keine Monteure gibt, die sie installieren könnten? Kaum hat man versucht, sich selbst zu helfen und im Baumarkt den letzten Heizlüfter zu erkämpfen, um Gas zu sparen, explodieren auch die Strompreise.

Selbst die Debatte über die Entlastung ist zur Belastung geworden. So gesehen muss man dem Kanzler dafür danken, dass er nach der Kabinettsklausur in Meseberg aktive Nachrichtenvermeidung betrieb. Allerdings hätte der Kanzler sich auch noch den Satz verkneifen sollen, mit dem er die versammelte Hauptstadtpresse wie einen Haufen blutiger Amateure aussehen ließ: „Dass Sie davon nicht so viel mitbekommen haben, macht mich professionell stolz."

Der Stolz vom Scholz wird nämlich nicht zur Beruhigung der Nachrichtenlage beitragen. Damit kann der Kanzler nur den professionellen Ehrgeiz der Kollegen geweckt haben, die sich sicher nicht noch einmal vor laufenden Kameras sagen lassen wollen, sie hätten nichts mitgekriegt. Das werden auch die anderen Politiker zu spüren bekommen, die sich in diesen Tagen mit ihren Parteifreunden irgendwo in Deutschland eingeschlossen haben. Ob bei den Schwarzen, Grünen, Roten oder Dunkelroten – die Klausur hat Konjunktur.

Kopf in den Sand: Zur Not tut es auch ein Zuber.

Alle tagen sie hinter dicken Mauern und geschlossenen Türen, obwohl sie alle mehr Transparenz versprochen hatten. Doch auch das war vor der Zeitenwende. Seither aber lautet die Devise der Koalitionen und Fraktionen: Bloß nicht zu tiefe Einblicke in unser Innenleben geben, die Bürger haben schon Angst genug.

Und das stimmt ja auch. Alle Welt will unser Geld, und den kümmerlichen Rest frisst die Inflation. Andererseits vergrößert die Geldentwertung aber auch unsere Möglichkeiten, zum Beispiel, um die Wünsche unserer polnischen Nachbarn zu erfüllen, die so kurz nach dem Krieg 1,3 Billionen Euro als Reparationen von uns verlangen. Das ist zwar ein Freundschaftspreis, wie der ob seiner Deutschfreundlichkeit bekannte Kaczynski betonte. Aber auch dafür muss eine alte Frau lange stricken. Oder die EZB eben die Gelddruckmaschine auch nachts laufen lassen.

Bekommen wir eigentlich Ostpreußen (und vielleicht sogar Königsberg) zurück, wenn wir zahlen? Den Russen, die sich ganz Ostpolen einverleibt haben, machte Warschau noch keine vergleichbare Rechnung auf. Der Kreml ist allerdings auch nicht dafür bekannt, dass er so freigiebig wäre wie der Zahlmeister der EU.

So, jetzt haben auch wir genug von den schlechten Nachrichten. Es ist ja auch noch unser Gorbi gestorben. Wir gehen am Wochenende in Klausur und lesen dann nur Karl May. Bei ihm gewinnt am Ende immer das Gute, für das ja sogar Winnetou sein Leben opfert. Das lassen wir uns selbst von den Gutmenschen nicht schlechtmachen.

König Karl

Es war einmal ein Prinz, der hieß Karl. So war er zwar nicht im Reich seiner Mutter bekannt, denn die hatte ihm den landesüblicheren Namen Charles gegeben. Aber hinter den sieben Bergen bei den sieben Zwergen sprach und schrieb man vom Prinzen Karl, denn die Zwerge waren Deutsche und riefen ihr Schneewittchen ja auch nicht Snow White. Und selbst manche Riesen im deutschen Blätterwald nannten ausländische Prinzen und Prinzessinnen, Könige und Königinnen, Kaiser und Kaiserinnen, Zaren und Zarinnen bei ihren deutschen Namen.

Doch eines Tages wollten die Deutschen, ob groß oder klein, keine Hinterwäldler mehr sein, sondern der Welt zeigen, dass auch sie Englisch können, und zwar über das hinaus, was ihnen in englischen Kriegsfilmen üblicherweise in den Mund gelegt wurde („Ju englisch Schweinhund, we häff miens tu mäjk ju spik!"). Und schon hieß Karl, durch dessen Adern so viel altes Hunnenblut fließt, dass er auch noch den Titel Biodeutscher tragen könnte, bei uns Tscharless.

Unsere Aussprache haben wir mittlerweile sehr improved. Vor allem im deutschen Management wird inzwischen ein derart elaboriertes Denglisch verwendet, dass man meinen könnte, die Angehörigen dieser Kaste hätten alle im fränkischen Ochsenfurt studiert. Besonders beeindruckend finden wir die aus dem Englischen downgeloadeten Abkürzungen. Der Burner, der derzeit in keiner Powerpoint-Präsentation fehlen darf, ist „BHAG" (sprich: Bihäg). Das Akronym steht für „Big Hairy Audacious Goal", also für ein zwar haariges, aber großes und kühnes Ziel. Was das sein soll, ist von Unternehmen zu Unternehmen verschieden, manchmal sogar innerhalb einer Firma: Prinz Wilhelm will wie sein Vater König werden. Prinz Heinrichs BHAG dagegen war es, eine Bürgerliche zu heiraten und sich im Ausland eine Existenz aufzubauen, was ja durchaus einer Familientradition entspricht.

Dass in der deutschsprachigen Welt dagegen so gut wie niemand mehr an alter Väter Sitte festhalten und den nunmehrigen King Charles III. König Karl III. nennen will, hat auch mit unserem modernen Spieglein an der Wand zu tun. Wer Google nach König Karl befragt, landet bestenfalls bei Charles' unglücklichem Vorgänger Karl I., der 1649 von seinem Kopf befreit wurde, aber noch Jahrhunderte später im Internet seinen deutschen Namen behalten darf. Nur einen Klick weiter lauert ein Schlagersänger namens Karl König. Auf der Flucht vor dem Geträller kommt man bei Seiner Majestät Karl Lagerfeld vorbei und schließlich bei Karl dem Käfer, der nichts gefragt wurde, auch nicht, wie er heißen möchte.

Bei diesen Streifzügen durchs Netz wurde uns klar: Der Kampf um Karl III. ist verloren. Auch diese Kapitulationserklärung würde kaum jemand im Internet finden, wenn in ihr nicht „Charles" vorkäme. Auf der Surftour ging uns aber immerhin interessanter Beifang ins Netz. Googelt man „Prince Charles", dann stößt man irgendwann auch auf „Carin II". Das war die Yacht von Hermann Göring, die er nach seiner ersten Frau benannt hatte. Das Schiff fiel, als Göring keines mehr brauchte, den Engländern in die Hände, die es, man muss deren Humor einfach lieben, in „HMS Royal Albert" umbenannten. 1950 wurde es abermals umgetauft, eben in „Prince Charles". Zehn Jahre lang diente der Kahn in der Royal Navy Rhine Flotilla. Karl und

Kapitulationserklärung: Karl III. hat verloren.

dessen Tante Margarethe fuhren auf ihm, Prinz Philip, der alte Seehase, schipperte bis nach Basel. Die Windsors hatten auch da keine Berührungsängste.

Dann aber mussten die Briten die Yacht an Görings Witwe zurückgeben, die sie an einen Unternehmer veräußerte. Der hielt immerhin an dem Brauch fest, sie nach der Gattin zu benennen (Theresia). Anfang der Siebzigerjahre erwarb dann der Hitler-Tagebücher-Fachmann Heidemann das Boot und gab ihm seinen ersten Namen zurück, der aber später nochmals überpinselt wurde. Die letzten bekannten Bilder stammen aus Ägypten und zeigen am Heck wieder den Schriftzug „Prince Charles".

Warum wir diese Geschichte so ausführlich schildern? Na, weil sie doch beweist, dass Namensgebungen nicht für immer Bestand haben müssen.

Doppel-Wumms

Eine lange Laufbahn in der Politik ist eindeutig nicht gut für den Teint. Das zeigen in diesen Tagen vor allem die Fälle Putin und Berlusconi. Der russische Präsident wirkt, obwohl Gebietserwerbungen bei Leuten wie ihm die Durchblutung ankurbeln sollen, so wächsern wie Lenin nach Jahrzehnten der Liegezeit im Mausoleum. Noch mehr Renovierungsbedarf hatte Putins Freund in Italien, dessen Gesicht aussieht, als wäre es frisch mit Kunstleder überzogen worden, das am Ende knapp wurde. In jedem Fall muss der Schönheitschirurg Berlusconis ein Fan von Chucky, der Mörderpuppe, gewesen sein. Wir haben uns schon lange nicht mehr so gefürchtet, wenn einer lacht.

Dabei hätten wir jetzt wirklich nicht noch den Anblick eines reanimierten Lustgreises gebraucht, damit es uns gruselt. Dafür hatte schon die Berliner Horrorgeschichte rund um die Gasumlage gereicht. Da sind Mitglieder der Ampelregierung ja durch die Gegend gelaufen wie Zombies. Vizekanzler Habeck, auch schon ziemlich grau im Gesicht, rief im Bundestag mit einer solchen Grabesstimme „Die Gasumlage muuuß weg!", dass es selbst Boris Karloff kalt den Rücken hinuntergelaufen wäre.

Angeblich wollte Habeck damit nur die Muuuß-weg-Opposition karikieren. Doch nur Tage später machte er sich den Kriegsschrei „Muuuß weg!" zu eigen, womit er ja wohl ein Muuuß-weg-Minister ist. Da er aber weiter sein Unwesen im schon von Burnout und Tinnitus gepeinigten Wirtschaftsministerium treibt, muuuß man wohl von einem Untoten sprechen.

Richtig zusammengezuckt sind wir aber erst, als der Bundeskanzler vom Doppel-Wumms sprach. Im ersten Moment dachten wir, es seien nicht nur Habeck und Lindner zusammengekracht, sondern auch noch Baerbock und Lambrecht. Oder Merz habe sich nach dem Sozialtourismus-Rohrkrepierer auch noch ins andere Knie geschossen. Oder zwei weitere Pipelines seien gesprengt worden.

Die schlimme Nachricht vom Grund der Ostsee hatte uns nämlich noch mehr erschüttert als die Meldung, dass Kubicki Erdogan eine kleine Kanalratte genannt hatte, die dieser nun wirklich nicht ist, weswegen der türkische Präsident gegen die Einstufung klagen will. Über die Größe des Schadens an den Pipelines kann man dagegen nicht streiten. Mit deren Perforierung ist endgültig die Hoffnung dahin, doch noch einmal mit Putin ins Gasgeschäft zu kommen. Schon deswegen kann es ja eigentlich nicht Putin selbst gewesen sein, der die Röhren sabotiert hat. Aber wer dann? Die Polen, die uns zu Recht nicht mehr trauen? Die Türken, was Kubicki uns vielleicht durch die Kanalratte sagen wollte? Die Amis? Biden hatte Scholz ja auf offener Bühne bedeutet, er habe Mittel und Wege.

Uns erinnert dieser Anschlag allerdings auch an Alexander den Großen, der seine Schiffe verbrennen ließ, um seinen Leuten zu zeigen, dass der Rückzug ausgeschlossen sei. Sollte vielleicht die außer Rand und Band geratene Ampel zu einem ähnlich drastischen Mittel gegriffen haben, um den Deutschen klarzumachen, dass es kein Zurück zur alten Energiepolitik gebe? Ist vielleicht auch das Leck in Isar 2 einem derart motivierten Sabotageakt geschuldet? Dann müsste man es wirklich mit der Angst zu tun kriegen.

Doch diesen Verdacht müssen wir nicht länger hegen. Das in der Ostsee können wir gar nicht gewesen sein, denn

Ein scharfer Schuss? Nein, nur Onomatopoesie.

dazu brauchte man ja mindestens ein tauchfähiges U-Boot. Und die Gorch Fock taugt nicht einmal zum Minenlegen.

Auch der Doppel-Wumms hat sich nach einer Schrecksekunde als so unkriegerisch herausgestellt wie zuvor schon Scholzens goldener Schuss mit der Bazooka und der Einfach-Wumms vom Sommer 2020. Der Kanzler hantiert hier nicht etwa mit einer scharfen Wumme, sondern mit einem Onomatopoetikon, also einem Begriff, der nur so tut, als sei er ein Kanonenschuss oder eine Explosion. Und doppelt gemoppelt hält ja besser, gerade bei so einer Koalition. Dennoch finden wir es beunruhigend, dass die Wumms-Inflation auf zwei Jahre gerechnet schon 100 Prozent erreicht hat. Bei dieser Rate würde es uns nicht wundern, wenn es irgendwann auch einmal Rumms machte, vielleicht sogar doppelt.

Englische Verhältnisse

Auch in der Politik gibt es Quickies. Nur vier Minuten, "maximal vier Minuten", so berichtete Habeck, brauchten die Ampelmännchen und -weibchen im Bundeskabinett, und schon war der Gesetzentwurf verabschiedet, den der Kanzler den Grünen und der FDP par ordre du mufti auf die blau geschlagenen Augen gedrückt hatte. Wochenlang waren sie sich wegen der Atomfrage an die Wäsche gegangen, aber jetzt wollten sie offensichtlich nur, dass die Sache möglichst schnell vorbeigeht. Ein Rat von jenseits des Ärmelkanals für solche Situationen, den nun ja auch Liz Truss beherzigte, lautet: Close your eyes and think of England. Unsere Koalitionäre aber dachten wahrscheinlich eher an den Frühling, den Frieden, die Sonne und sich fröhlich drehende Windräder.

Jedenfalls die grünen und die roten Minister. Hinter den gelben Lidern der FDP aber glüht weiter das blaue Licht der Atomreaktoren, das die Liberalen einfach nicht vergessen können. Sie wollen, dass es auch in Deutschland nicht verlöscht, im kommenden April noch nicht und natürlich auch im darauffolgenden Jahr nicht, weil dann ja die neuen Brennstäbe immer noch so gut wie neu wären.

Zwar gab Scholz den FDPlern gleich zu verstehen, dass sie sich diese Salamitaktik abschminken könnten. Aber natürlich wissen auch die Lindners und Kubickis, dass das Richtlinienschwert des Kanzlers bei jedem Ziehen stumpfer wird. Dem Oberleutnant Schmidt, dem Flakhelfer Kohl und auch der schwäbischen Hausfrau Merkel war noch klar, dass man deshalb mit diesem Säbel tunlichst nicht herumfuchtelt. Sogar der gänzlich ungediente Habeck äußerte nach Erhalt des blauen Briefes dreimal innerhalb von fünf Minuten, dass Scholz damit „voll ins Risiko gegangen" sei. Welches Risiko, fragen Sie? Na, das der nuklearen Eskalation. Wenn die Streithammel nicht (vorübergehend) die Köpfe eingezogen hätten, wäre dem Kanzler doch nur noch der Griff zur Atombombe geblieben, also zur Vertrauensfrage. Dann hätte man aber schon gewusst, was die Stunde geschlagen hat beziehungsweise wem.

In Großbritannien braucht man diese ganze verfassungsrechtliche Wichtigtuerei schon deshalb nicht, weil es dort ja kaum eine Verfassung gibt. Deshalb können die Parteien auch die Premierminister auswechseln, wie sie wollen. Der König kann immer nur „Meine Güte!" murmeln und hoffen, dass die Nächste mehr Zeit hat, den Knicks zu üben. Inzwischen kommen und gehen die Bewohner von Downing Street 10 sogar noch schneller als die Ministerpräsidenten in Italien. Wenn die Tories bei ihrem Speed-Firing bleiben, schaffen sie vielleicht vier Premierminister in diesem Jahr, es ist ja erst Oktober. Bliebe es bei dieser Fluktuation, dann könnte sogar der spätberufene Karl III. noch auf so viele Regierungschefs kommen wie seine Mutter.

Wir Deutsche dagegen dürfen trotz des Streits ums Atom und um den Hamburger Hafen wohl nicht mit englischen Verhältnissen rechnen. Dabei kann man doch schon nach einem knappen Jahr so manchen Darsteller (m/w/d) nicht mehr sehen, geschweige denn hören. Damit aber kein Missverständnis entsteht: Vom Schmerzensmann Habeck sind wir begeistert. Wenn der seinen Wohnsitz nach Oberammergau verlegte, wäre er auf Jahrzehnte hinaus alternativlos als Jesus. Sein Auftritt in den „Tagesthemen" nach dem Richtlinien-Wumms war ein perfektes Medley aus „Es ist vollbracht", „Was siehst du den Splitter in deines Bruders Auge" und „Selig sind die Sanftmütigen". Als Habeck am Ende auch noch flötete, dass Politik ohne Hoffnung ein trostloses Geschäft wäre, ist bestimmt die Homepage der Grünen zusammengebrochen, weil halb Deutschland auf der Seite nach dem Aufnahme- oder Heiratsantrag suchte.

Wenn es also demnächst wieder einmal unangenehm wird, weil die Gasrechnung kommt oder die Zeitung schon wieder nicht, lautet unser Rat: Close your eyes and think of Habeck. Das Denken an England brächte ja kaum Erleichterung. Da sieht das schreckgeweitete innere Auge schließlich einen Johnson, der aus der Verbannung in der Karibik so triumphal zurückkehrt wie Napoleon von Elba.

Unser Rat: Schließt die Augen und denkt an Habeck!

Genusscannabis

Keine Sorge, wir werden Sie hier nicht lange mit dem sogenannten Jugendwort des Jahres quälen. Erstens wäre das eine kulturelle Aneignung, und die ist ja besonders alten weißen Männern bei Strafe eines Shitstorms verboten. Zweitens soll „smash" von Teenagern gar nicht so häufig und stilsicher verwendet werden, dass man älteren Semestern erklären müsste, was der für sie nicht mehr so relevante Begriff bedeutet. Und drittens fänden es uns nahestehende Personen jüngeren Alters ziemlich cringe, wenn wir das versuchen würden.

Halbwegs widerstehen können wir auch der Versuchung, Witze über den neuen britischen Premierminister zu machen, der, wenn wir die euphorischen Reaktionen im Fernen Osten richtig verstanden haben, für eine spektakuläre Zeitenwende steht: Jetzt wird also Indien zweihundert Jahre lang über England herrschen. Arme Inder, sie wissen eindeutig nicht, was sie sich da angetan haben! Falls sie aber nicht einmal diese Aufgabe schreckt, könnten sie doch für uns auch gleich unsere Ossis mitregieren, oder? Sachsen, Sachsen-Anhalt, Sachsen-Gotha – wo ist da der Unterschied? Das würde bestimmt auch Prinz Philip so sehen, dessen Humor uns schmerzlich fehlt. Er hätte zur Wahl Rishi Sunaks einmalige Anmerkungen gemacht. Aber wir wollten ja auch dieses Thema nicht auswalzen.

Etwas schwerer fällt uns das schon im Falle des Moskauer Patriarchen Kyrill, wobei man sich über Kirchenfürsten noch weniger lustig machen sollte als über einen einsamen Hindu in Downing Street. Also im Ernst: Nach Kyrills jüngsten Halluzinationen hätten die Ampelkoalitionäre doch noch einmal darüber nachdenken müssen, ob sie den Cannabis-Konsum wirklich so großzügig erlauben wollen. Denn man sieht ja, was schon Weihrauch anrichten kann, wenn er jahrelang inhaliert wird. Auf seinem jüngsten Trip nannte Kyrill Russland eine „Insel der Freiheit"! Neulich versprach er russischen Soldaten die Vergebung aller Sünden, wenn sie ihr Leben im Dienst des Vaterlandes opferten, was so viele junge Russen auf Befehl des großen Führers Putin tun müssen, für dessen Gesundheit und langes Leben Kyrill beten lässt.

Heiliger Krieg, so potent hätten wir Weihrauch gar nicht eingeschätzt! Allerdings erklärt das auch Vorgänge in der katholischen Kirche, die man für unerklärlich gehalten hatte.

Cannabis soll nicht ganz so gefährlich wie das Duftharz sein, aber unempfindlich gegen Kälte machen und den Duschdrang vermindern. Die Droge wird uns also helfen, den Winterkrieg gegen Putin zu gewinnen. Das Zeug ist quasi so etwas wie Panzerschokolade für uns Zivilisten an der Heimatfront. Warum aber müssen wir es uns dann noch selbst kaufen? Wir sind der Meinung, dass in jedes Hilfspaket, das die Ampel schnürt, auch ein Päckchen Genusscannabis gehört, wie es jetzt regierungsamtlich heißt. Der Stoff könnte ja auch noch dazu beitragen, dass in den langen Winternächten unser demographisches Problem gelöst wird. Achtundsechziger kennen noch die Sentenz, die zweifellos zum Jugendsatz des Jahrzehnts gewählt worden wäre, wenn es damals schon so eine Wahl gegeben hätte: Hast du Haschisch in der Blutbahn ...

Außerdem soll so ein Joint gut gegen die Schmerzen sein, die bei Laufzeitverlängerungen, bei Gängen nach Canossa

Minister im Selbstversuch: Ein Joint soll auch gegen Schmerzen beim Kotau helfen.

beziehungsweise Kiew und beim Kotau in China auftreten. Das hat unser Gesundheitsminister in einem selbstlosen Selbstversuch überprüft. Im Vordergrund stehe für ihn nämlich der Gesundheitsschutz. Lauterbach hofft auch, dass der deutsche Cannabis-Weg eines Tages „ein Modell für Europa" werden könne. Nun soll also selbst noch am deutschen Rauschgiftwesen die Welt genesen.

Als ob die auf uns Nachzügler gewartet hätte! Offenkundig ist Lauterbach schon lange nicht mehr in Prag gewesen. Dort kann man das Zeug an jeder Ecke kaufen wie früher nur die Karlsbader Oblaten. Dass die Tschechen sich jetzt leichter regieren ließen, konnten wir allerdings nicht feststellen. Das wollen wir nur für den Fall anmerken, dass auch das eine Hoffnung der deutschen Cannabispolitik sein sollte.

Teufel

Wir verstehen vollkommen, dass die Bundesregierung die Gas- und die Strompreisbremse noch nicht am Freitag hat beschließen können, auch wenn sie meinte, dass das jetzt ganz flott gehen müsse. Denn erstens dienen Bremsen dem Verlangsamen. Und zweitens wollten doch auch unsere Regierenden schnell ins Wochenende, was nach den Anstrengungen der vergangenen Tage absolut nachvollziehbar ist. Das halbe Kabinett musste an exotischen Orten mit schwierigen Gesprächspartnern schwierige Gespräche führen: der Bundeskanzler auf Bali, die Außenministerin in Scharm el-Scheich und der Arbeitsminister in Magdeburg, wo er in einem Stuhlkreis versuchte, den Bürgern das Bürgergeld zu erklären.

Danach konnte man von unseren müden Helden wirklich nicht verlangen, am Kabinettstisch auch noch eine Materie zu durchdringen, die selbst dem Wirtschaftsminister „die Haare grau macht". Zumal die meisten seiner Kollegen vermutlich nicht einmal ihre eigenen Gas- und Stromrechnungen entschlüsseln können. Auch unser Versorger schreibt seine Mitteilungen offenkundig immer noch auf einer Enigma.

Da sind wir wirklich froh, dass wir uns in Sachen Gaspreisbremse „faktisch um nichts kümmern" müssen, wie Habeck es verspricht. Allerdings lässt uns das Wort „faktisch" stutzen, weil es an die Fakten erinnert, die wir im Zuge der Grundsteuerreform dem Staat liefern müssen, obwohl er sie doch alle schon kennt und nur zu faul ist, sie selbst zusammenzutragen.

Möglicherweise tun wir unseren Regierenden aber auch hier unrecht. Vielleicht will die Ampel mit den Fragen nach Bodenrichtwerten und Ertragsmesszahlen nur unser Verständnis dafür vergrößern, dass, wie bei der Gas- und Strompreisbremse und überhaupt jeder politischen Aufgabe,

Armer Teufel: Brachte wohl auch das falsche T-Shirt.

der Teufel im Detail steckt. Das glaubt man sofort, wenn das Elster-Programm nach Stunden der Dateneingabe 24 Fehlermeldungen anzeigt.

Sie meinen, dafür gebe es weniger mystische Erklärungen als den Teufel? Ja, vermutlich hat nicht mal der viel Freude an der deutschen Bürokratie. Zudem stehen ihm ja noch ganz andere Werkzeuge zur Verfügung, mit denen er die Menschheit quälen kann. Trump grinst sogar schon wie Mephisto.

Und ist es nicht geradezu diabolische Ironie, dass der Kreml seinen Krieg gegen die Ukraine jetzt mit der Notwendigkeit von deren „Entsatanisierung" begründet, nachdem sowohl die Entmilitarisierung als auch die Entnazifizierung missglückt sind, Letztere vor allem mangels Nazis? Der Teufel hat offenkundig einen ganz speziellen Humor, was man auch daran erkennen kann, dass Teheran nun sogar Deutschland zu den „Satanen" zählt, die den iranischen Frauen den Hidschab herunterreißen wollen.

Vor den Streichen des Höllenfürsten ist wirklich niemand sicher, was zuletzt kein Geringerer als Sergej Lawrow erfuhr, der sich auf Bali in Shorts und T-Shirt filmen ließ, um Gerüchte zu entkräften, er habe Herzprobleme. Nach Veröffentlichung des Videos fragte sich aber alle Welt, ob der russische Außenminister noch ganz richtig im Kopf ist. Denn das Leibchen, das er trug, zeigte nicht nur die Farben der Ukraine, sondern auch noch den Namen eines queeren amerikanischen Künstlers, der an einer Überdosis Heroin gestorben ist. Aus Moskauer Sicht ist dieser Jean-Michel Basquiat also ein typischer Repräsentant der dunklen Mächte der Dekadenz, deren Siegeszug nur noch Russland aufhalten kann. Den Berliner Aktionsplan „Queer leben" fürchtet Putin sicher noch mehr als die Erweiterungspläne der NATO.

Nun stimmt es ja, dass im verkommenen Westen selbst manche Machos zu Hause heimlich dem Frauenfummel frönen. Aber dass Lawrow beim Chillen willentlich und wissentlich in die Uniform des Feindes schlüpft, nein, das wollen und werden wir nicht glauben. Wahrscheinlich hat er für das Propagandavideo ungeduldig nach Freizeitkleidung verlangt, und einer seiner Lakaien wusste sich nicht anders zu helfen, als den eigenen Schlafanzug zur Verfügung zu stellen. Dieser arme Teufel erfährt inzwischen bestimmt schon in Sibirien, wie es sich anfühlt, wenn die Hölle gefriert.

Binde

Am Mittwoch hat man wieder gesehen, dass Deutschland immer noch nicht ganz trittsicher ist auf dem schmalen Grat zwischen Triumph und Tragödie. Das hätte der hellste Tag in unserer Geschichte seit dem Fall der Mauer werden können – wenn Neuer, wie in seltener Einmütigkeit von der „Bild"-Zeitung und Habeck gefordert, mit der „One Love"-Binde aufgelaufen und deswegen vom Platz gestellt worden wäre, danach auch ter Stegen und Trapp, weil wir den Protest natürlich bis zum letzten Torhüter hätten durchhalten müssen; wenn Musiala dann den Kasten so sauber gehalten hätte wie einst Maier; und wenn Goretzka trotz Unterzahl das Siegtor geköpft hätte, am besten mit einer blutigen Binde um die Stirn wie damals Dieter Hoeneß.

Ja, dann hätten wir uns und der ganzen Welt bewiesen, dass aufopferungsvoller Kampf für das Gute belohnt wird. Zu oft standen wir auf der falschen Seite der Geschichte, trugen die Armbinde des Bösen und verloren daher zu Recht. Dieses Mal aber kämpft unser Expeditionskorps in der Wüste in einem fast schon heiligen Krieg: Intoleranz können wir nicht mehr tolerieren, nirgendwo! Auch wir an der Heimatfront verfolgen nur äußerst widerwillig diese widernatürliche Weihnachts-WM in Qatar, das uns nicht nur seine mittelalterlichen Werte, sondern auch noch sein prähistorisches Erdgas aufdrängen will. Und selbst der deutsche Rekordmeister ekelt sich vor den Millionen vom Golf, die er freilich braucht, um seine Neuers, Musialas und Goretzkas bezahlen zu können.

Kleinlaut: Nach der Kapitulation von Qatar brachte auch diese Binde nichts mehr.

Dafür müssen die Bayern künftig wohl andere Quellen finden. Der Wind hat endgültig gedreht. In Nürnberg gießen sie sich nun aus Protest gegen die Menschenrechtslage in Qatar sogar ein eigens dafür gebrautes Boykott-Bier hinter die Binde. Überall in der Republik werden ukrainische Fahnen von der Regenbogen-Flagge flankiert. Und die Abkürzung LGBTQ geht den Deutschen inzwischen so flüssig über die Lippen wie in den finsteren Zeiten das Akronym NSDAP.

Mit dieser hypermoralischen Unterstützung im Rücken hätten unsere Jungs die Japaner, die immer noch nichts aus der damaligen Niederlage an unserer Seite gelernt zu haben scheinen, doch vom Platz fegen müssen! Freilich hätten wir gewarnt sein können. Schon vergessen, was dem Niederknien bei der Europameisterschaft in Wembley folgte? Mit Machtdemonstrationen tun wir uns bei Auslandseinsätzen selbst dann noch schwer, wenn wir sie im Namen der Moral wagen.

Uns beschlich bereits ein mulmiges Gefühl, als unsere Mannen sich am Mittwoch beim Mannschaftsfoto den Mund zuhielten. Vermutlich hat nicht jeder Zuschauer auf der Welt verstanden, dass diese Geste das Gegenteil bedeuten sollte: Wir lassen uns nicht den Mund verbieten! Nach dem Katastrophenkick waren unsere Spieler dafür auch viel zu kleinlaut. Da ging es nur noch um Fehlpässe und andere Banalitäten. Kein Wort mehr über die Binde, von der die ganze Republik erwartet hatte: In hoc signo vinces.

Und nun? Nach der Binden-Kapitulation können wir unseren Ruf als moralische Supermacht wohl nur noch retten, wenn wir wie Costa Rica deutlich machen, dass wir bei einer solchen WM gar kein Spiel gewinnen wollen. Vermutlich war das auch schon vor vier Jahren in Russland so, ist aber leider nicht gestenreich genug kommuniziert worden. Jedenfalls können wir uns nicht an Armbinden in den Farben der Ukraine erinnern. Der deutsche Männerstolz vor Königsthronen war in Putins Reich des Bösen noch nicht ganz so groß wie jetzt in dem kleinen Emirat.

Da ist unsere Innenministerin aus einem anderen Holz geschnitzt. Während Habeck beim Betteln um qatarisches Gas einen Diener vor dem Emir machte, zeigte Faeser den Scheichs und dem dunklen Lord der FIFA die Binde. Dafür – und nicht der neuen Quote des Bundespräsidenten halber – sollte sie das Bundesverdienstkreuz bekommen. Vielleicht erbarmt Steinmeier sich aber auch unserer tragischen Kicker, obwohl sie das falsche Geschlecht haben, und tröstet sie mit dem silbernen Lorbeerblatt. Denn inzwischen gilt ja nicht mehr nur bei den Olympischen Spielen: Dafür sein ist alles.

Doppelpaß

Am Tag nach unserem abermaligen WM-Waterloo ist natürlich die Versuchung groß, in Weltuntergangsstimmung zu versinken, also etwa so wie die Totenschädel im Sand auf Eugen Brachts Gemälde „Gestade der Vergessenheit". Weil nun überall Heulen und Zähneklappern zu hören ist, wollen wenigstens wir an dieser Stelle darauf hinweisen, dass unser frühes Ausscheiden in Qatar auch positive Aspekte hat.

Erstens können unsere Kicker bis zum Bundesligastart in Ruhe darüber reflektieren, worum es beim Fußballspielen wirklich geht. Zweitens kann Jogi Löw sich nun befriedigt irgendwo kraulen und sagen: An mir hedd's also ned glega! Drittens muss sich das ZDF nicht mehr sorgen, dass einem Kommentator in einer emotionalen Phase noch so ein rassistischer Spruch rausrutscht wie der über die Bademäntel.

Viertens brauchen sie sich im Kanzleramt nicht länger mit der Frage zu quälen, was sie dem Chef empfehlen sollen, wenn Deutschland ins Endspiel kommt. Beim Finale müsste er die „One Love"-Binde ja doch noch etwas spektakulärer in Szene setzen, als es seine Innenministerin beim ersten Spiel tat. Er müsste sie sich, so das Haus der Geschichte sie ihm als Leihgabe überlässt, vielleicht um die Stirn winden wie ein Kamikaze-Pilot. Das wäre aber natürlich nur dann möglich gewesen, wenn wir nicht wieder auf unseren neuen Angstgegner gestoßen wären.

Und schließlich können wir mit etwas diplomatischem Geschick unser Scheitern dem ebenfalls ausgeschiedenen

Fußballzwerg Qatar ja als einen Akt der Solidarität und der Reue verkaufen. Mit seinem Gasversorger sollte man es sich nicht auf Dauer verderben.

Unseren geknickten Fußballern aber rufen wir jetzt ihre eigene alte Weisheit zu: Aufstehen und Mund abputzen (nicht zuhalten)! In knapp zwei Jahren steht uns die Heim-EM ins Haus. Da stellt sich jetzt auch ganz dringend die Frage: Wo sollen wir bis dahin einen Mittelstürmer herbekommen, wo einen Abwehrchef, der den Namen verdient?

Auf die segensreichen Wirkungen des Gute-Kita-Gesetzes können wir nicht warten, wir brauchen viel schneller Heldennachschub. Innen- und Sportministerin Faeser hat dafür die Lösung: Expresseinbürgerung!

Selbst die Altstars Ronaldo und Lewandowski würden uns ja noch enorm helfen. Allerdings, das hat die CDU noch nicht begriffen, müssten dafür die Wartefristen noch ein bisschen verkürzt werden, es pressiert ja. Ganz durchdacht ist auch die Sache mit dem Doppelpass noch nicht,

Heulen und Zähneklappern?
Nein, Mund abputzen und einbürgern!

womit wir nicht die Frage meinen, ob Ronaldo auch mal an Musiala abspielen würde, sondern das Problem Staatsan- und Verbandszugehörigkeit.

Derzeit müssen multinationale Spieler sich ja noch für eine Nationalmannschaft entscheiden, mit der sie dann bis zum bitteren Ende verbunden bleiben. Wäre es da nicht im Sinne der Völkerverständigung und der Menschenrechte (Artikel 2 und 12 GG), wenn großartige Spieler mal mit diesen, mal mit jenen Farben antreten könnten? Vielleicht sogar, wie bei Abschiedsspielen erfolgreich erprobt, in der ersten Halbzeit für das eine Team, und, je nach Spielverlauf, in der zweiten für das andere? Dafür müssten zwar die Regeln der FIFA etwas geändert werden, aber die Ausgaben dafür kann die sich ja locker leisten.

Die Modernisierung des deutschen Staatsangehörigkeitsrechts bis hin zu dessen Abschaffung lässt ohnehin auch das Konzept der Nationalmannschaft recht muffig aussehen. Wenn unsere deutsch-türkisch-polnischen Kicker künftig drei Pässe in ihrem Kosmetikbeutel stecken haben, sollten wir eher von einer Nationalitätenmannschaft sprechen. Mit dem Adler auf den Trikots wäre es dann natürlich vorbei. Aber wir haben ja schon ein Logo, das besser zu uns passt. Auch eine Kombination aus alt und neu wäre denkbar: gerupftes Huhn in Regenbogenfarben. Nicht einmal die FIFA könnte uns verbieten, es auf dann sicher wieder stolzgeschwellter Brust zu tragen.

Bismarcks Erben

Als am Donnerstag der Handyalarm losging, dachten wir zuerst, einen Termin beim Zahnarzt verdrängt zu haben. Oder das unangenehme Tuten sei eine Erinnerung daran, die Serie über die Sussexes nicht zu verpassen, die im Buckingham-Palast in den Abgrund des Rassismus geblickt hatten und vor ihm in die einstigen Kolonien flüchten mussten. Aber dann fiel uns wieder ein, dass Warntag war und die Alarmierung somit nur eine Übung, mit der Vater Staat uns Bürgern beweisen wollte, dass er uns warnen kann, wenn er glaubt, Schreckliches dräue.

Unsere Regierung denkt dabei natürlich nicht an politische Katastrophen, denn dann würde das Handy ja dauernd schellen. Sondern an Naturgewalten, Raketen aus Russland und, deswegen musste das jetzt schnell noch getestet werden, den Stromausfall. Die Liste, was einem alles blühen könnte, wenn der „Cell Broadcast" losbrüllt, müsste angesichts der schlimmen Nachrichten in dieser Woche aber noch um eine Gefahr verlängert werden.

Wir meinen nicht das Risiko, im Magen eines Wolfs zu landen, das gar nicht mehr so gering zu sein schien, wenn Isegrim nicht einmal davor zurückschreckt, mitten in Deutschland das Lieblingspony der EU-Kommissionspräsidentin zu reißen. Doch der schon einschlägig bekannte und mittels DNS-Analyse überführte Problemwolf GW950m hat sich mit der Falschen angelegt. Ursula von der Leyen sorgt nun dafür, dass wenigstens ein Ponyhof ein Ponyhof bleiben kann, wenn schon das Leben keiner ist. Die Wolfsgefahr in Deutschland wird auf eine Weise gebannt werden,

Auf dem Marsch zum Reichstag? Es könnten auch Diplomaten sein.

die GW950m, seinen Artgenossen und vielen Wolfsverklärern nicht gefallen wird. Rache nicht nur für Wanda, sondern auch für Dolly!

Aber zurück zur Erweiterung der Gefahrenliste: Auf die muss nun auch der Putschversuch gesetzt werden. Denn erstens ist es möglich, dass die Einsatzkräfte wegen der miserablen Geheimhaltung nur die Verschwörer erwischten, die so schlecht zu Fuß waren wie Heinrich XIII. Und zweitens könnte es in der „Reichsbürger"-Szene noch unentdeckte Zellen geben, die professioneller als die nun aufgeflogenen Putschisten auf den Umsturz hinarbeiten. Als am Donnerstag auf unserem Handy die angekündigte Entwarnung ausblieb, dachten wir schon: Na, vielleicht doch nicht bloß eine Übung?

Da war es beruhigend zu wissen, dass nicht allein unsere Sicherheitsbehörden wachsam sind, sondern dass in jedem Amt den Anfängen gewehrt wird, sogar im Auswärtigen. Dort verfügte die Hausherrin, dass das „Bismarck-Zimmer" in „Saal der deutschen Einheit" umbenannt wurde. Das geschah zwar so begründungslos wie die Entfernung des Kreuzes vor dem G-7-Treffen in Münster. Doch natürlich versteht auch so jeder, warum Baerbock den Bismarck abhängen ließ. Der hat schließlich das Reich des Bösen geschmiedet (Unverbesserliche nennen ihn deshalb den ersten Kanzler der deutschen Einheit), das die „Reichsbürger" wiedererstehen lassen wollen. Einige dieser armen Irren nennen sich daher tatsächlich „Bismarcks Erben".

Was natürlich eine Anmaßung sondergleichen ist. Denn wenn neben den Nachkommen des Fürsten eine Gruppe diesen Titel verdient, dann sind das, so leid uns das für Frau Baerbock tut, unsere Diplomaten: Bismarck war auch der Gründer des AA. Wenn dessen gegenwärtige Führung meint, sich vom Fürsten distanzieren zu müssen, reicht es freilich nicht, still und leise ein Zimmer umzubenennen. Dann braucht schon das ganze Haus einen unbelasteten Namen. Wo bleibt er? Kann Baerbock sich nicht gegen die alten Kader durchsetzen, die nicht in einem Ministerium für feministische Außenpolitik arbeiten wollen? Ist das AA mit seiner hohen Adelsdichte vielleicht sogar eine Hochburg der Monarchisten, die notgedrungen sogar mit „Reichsbürgern" paktieren? Da dieser Szene selbst Prinzen, Offiziere und Richter angehören, wäre es doch keine Überraschung, sollten sich in ihren Reihen auch Diplomaten tummeln. Wenn das Handy das nächste Mal tutet, wissen wir, dass sie vom Werderschen Markt zum Reichstag marschieren.

Hellerhofstraße

Die Straße, von der wir uns hier schweren Herzens verabschieden, ist so schmal und unscheinbar, dass der Verfasser dieser Zeilen an ihr vorbeilief, als er im vergangenen Jahrhundert zum Einstellungstest für Volontäre eilte. Außerhalb der Frankfurter Stadtmauern hätte erst recht niemand von dem Sträßchen Notiz genommen, wenn die F.A.Z. nicht vor einigen Jahrzehnten ins Gallusviertel gezogen wäre, was manche bis heute nicht glauben wollen. Danach wurde die Hellerhofstraße zu einem Metonym für unser Blatt, wie es etwa auch bei der „Süddeutschen" und der Sendlinger Straße der Fall war, beim „Spiegel" und der Brandstwiete und, was „Reichsbürger" natürlich wissen, bei der Reichsregierung und der Wilhelmstraße.

Mal schauen, ob das auch der Pariser Straße gelingt, in die wir nun übergesiedelt sind. Es gibt eine Konkurrentin. An der Südseite unserer neuen Burg, die viel höhere Türme hat als unsere alte, verläuft eine Allee, die gleich nach ganz Europa benannt wurde. Der Redaktionsspott aber nennt sie Stalinallee. Wer sie sieht, weiß, warum. Zum Glück wird der Russe nicht von Westen kommen, denn auf dieser Rollbahn hielte ihn nichts auf. An der Hellerhofstraße dagegen würde Putin wahrscheinlich glatt vorbeimarschieren, so wie wir damals.

Ach, die Hellerhofstraße. In der gab es früher nicht nur eine Tankstelle, in welcher der Dienstwagen gewaschen und geföhnt wurde, sondern auch noch das „Pressestübchen", wo man in aller Ruhe bei einem Pils über den nächsten Leitartikel nachdenken konnte. Aber auch der stocknüchterne Redaktionsneubau von 1988 ist uns ans Herz gewachsen. Jeder seiner Klinkerziegel kann eine Geschichte erzählen, so viele kleine und große Dramen haben sich dort in dreieinhalb Jahrzehnten ereignet. Es gab über fast alles leidenschaftliche Diskussionen (auch über einen zum Glück abgeblasenen Umzug nach Berlin) und rauschende Partys (genannt „Mollen"), die kein Außenstehender der F.A.Z. jemals zutrauen würde. Als einmal der Teppichboden in der Nachrichtenredaktion erneuert werden musste, wollte ein Redakteur einen Ausschnitt des alten Belags mit nach Hause nehmen, als wäre er ein Stück Rasen aus dem Wembley-Stadion. Es dürfte nur wenige andere Teppiche geben, die so viele Gespräche und Getränke aufgesogen haben wie dieser.

Natürlich war aber auch in den Gebäuden an der Hellerhofstraße nicht alles Gold. Die Redaktionsmäuse, die zum Spätdienst erschienen, fanden wir ja noch ganz süß. Nervig waren dagegen die Wassereinbrüche bei Starkregen, die uns freilich die letzten Zweifel am Klimawandel austrieben. Und selbst die chronisch verstopften Toiletten hatten ihr Gutes: Sie bereiteten uns schon seit Jahren darauf vor, dass es in modernen Bürohochhäusern eine

Redaktionsmaus:
Zieht wohl nicht mit um.

geringe Klodichte gibt, weil die Architekten wohl glauben, dass Geistesarbeiter nur einen geringen Stoffwechsel haben.

Die Theorie der progressiven Arbeitswelt geht auch davon aus, dass keine großen Papierkörbe mehr gebraucht werden, was einige Dinosaurier aus der Gutenbergzeit noch bezweifeln. Auf dem Redaktionsschwarzmarkt stiegen die Preise für die alten Tonnen jedenfalls. Ins Bodenlose fiel dagegen der Tauschwert für Bücher, die viele Redakteure gehortet hatten wie Fafner den Schatz der Nibelungen. Denn in den neuen Türmen gibt es selbst für die Glücklichen, die ihren Arbeitsplatz nicht sharen müssen, nur noch Bonsairegale. Auch Sofas, auf denen spektakuläre Ideen entstanden waren, sollten zurückbleiben. Das war dann die letzte große Debatte.

Scheiden tut weh, da beißt auch die Redaktionsmaus keinen Faden ab. Aber am Ende hat sich, unser schönes neues Glashaus (ohne Aquarium) vor Augen, niemand im alten Gehäuse festgeklebt. Das entspräche nicht dem freiheitsliebenden Geist, der bei uns herrscht. Er ist natürlich mit ins Europaviertel umgezogen. An der Hellerhofstraße werden wir trotzdem nie wieder achtlos vorbeilaufen, selbst wenn dort in ein paar Jahren nichts mehr daran erinnern wird, dass in ihr einmal der Tempel der klugen Köpfe stand.

Deutschland-Tempo

Ja, is denn heut scho Weihnachten? Die Älteren unter uns wissen, wer einst diese berühmte Frage gestellt hat. Es waren weder Theodor W. Adorno noch Ilja Richter, die der Bundespräsident in seiner Rede zum Adventskonzert im Schloss Bellevue zitierte, sondern Franz Beckenbauer, die deutsche Lichtgestalt, die damals noch heller als tausend Sonnen strahlte, um auch Robert Jungk zu erwähnen, der bestimmt ebenfalls etwas Zukunftsträchtiges zu Weihnachten gesagt hat, was wir momentan jedoch nicht überprüfen können, weil sein prophetisches Buch bei unserem Umzug in den neuen und übrigens sehr schönen F.A.Z.-Turm wohl in den falschen Stapel geriet.

Die Beckenbauer-Frage aber können wir heute mit einem glatten Kopfnicken beantworten, wobei uns das leicht Ungläubige in ihr nie derart berechtigt vorkam wie in diesem Jahr. Der Advent ist ja nur so vorbeigerauscht. Ganz offensichtlich hielt sich sogar die Vorweihnachtszeit an die neue Mindestgeschwindigkeit, die der Bundeskanzler für unser ganzes Land angeordnet hat: das Deutschland-Tempo.

Kaum war das Dekret anlässlich der Eröffnung des ersten LNG-Terminals in Wilhelmshaven (muss noch umbenannt werden) in Kraft getreten, kam es in den verschiedensten Bereichen des öffentlichen Lebens zu einer Beschleunigung, dass es einem schwindlig werden konnte, so schnell geht es jetzt oft abwärts.

Im Fall der Fußball-Nationalmannschaft (der Männer) muss man sogar von vorauseilendem Gehorsam sprechen,

In Scholz-Geschwindigkeit: Superschneller Rutsch.

anders ist das blitzartige Ausscheiden in Qatar schon vor der Kanzlerrede nicht zu erklären. Sonst hätten unsere Spieler sich mit dem Verlieren bestimmt noch Zeit bis zum Finale gelassen, das sie dann aber sicher nicht hätten gewinnen wollen. Es wäre ja undenkbar gewesen, dass unser Kapitän dieses Bischt-Negligé getragen hätte, das Messi sich vom Emir hat umlegen lassen, ganz ohne jede Geste des Protests. Da brach Neuer sich lieber das Bein.

Die Scholz-Warp-Geschwindigkeit gilt jetzt natürlich auch für die Deutsche Bahn, bei der nun wirklich vieles zu langsam ging. Doch nun wird in den Zügen schneller als jemals zuvor durchgesagt, wie viele Stunden Verspätung man hat, warum es abermals im Bordrestaurant nichts zu essen gibt und dass der Lokomotive wieder vor Leipzig die Kohlen ausgehen werden.

Auch der Stolz unserer Panzertruppe, der Puma, zeigt seine vielen Schwächen nicht länger ganz gemächlich nacheinander, wie er das viele Jahre lang tat, sondern alle auf einmal.

Und sogar bei der Vergangenheitsbewältigung, ehemals oft ein quälend langsamer Prozess, legt Deutschland inzwischen eine Schnelligkeit an den Tag wie früher nur im Blitzkrieg. So wollte unsere Außenministerin nach Jahrzehnte währenden Verhandlungen jetzt keinen Moment länger mit der Rückgabe der Benin-Bronzen warten, obwohl das vorgesehene Museum in Nigeria bisher nur aus Erdlöchern besteht. Baerbock gab in Abuja gleich auch noch für die Briten ein Schuldeingeständnis ab („Es war falsch, sie zu stehlen"), denn die sind in solchen Angelegenheiten immer noch ziemlich langsam.

Der Auftritt der Ministerin wie auch die vorzeitige Entlassung Boris Beckers beeindruckten die inhaftierten Mitglieder des Remmo-Clans offenbar so sehr, dass auch sie vor Weihnachten schnell noch einen Deal aushandeln wollten, nicht ohne Aussicht auf Erfolg. Denn inzwischen besteht ja der Verdacht, dass einige der Edelsteine, die August der Starke im Grünen Gewölbe hortete, auch eine koloniale Herkunft haben, also frühe Blutdiamanten sind. Somit hätten die Diebe nur Beweise für unsere schändliche Vergangenheit gestohlen und teilweise vernichtet, den Rest aber sogar noch schneller zurückgegeben als Berlin die Benin-Bronzen.

Wenn sich jetzt aber sogar die Clans an die befohlene Deutschland-Geschwindigkeit halten, wollen auch wir hier „Gass" geben (wie es der Kanzler sagt) und Ihnen zum Schluss rasch noch ein beschleunigtes Weihnachten und einen superschnellen Rutsch wünschen.

Lützerath

Heinrich! Mir graut's vor dir! So kann nur mit Goethes Gretchen rufen, wer die Selbstentblößung des Herzogs von Sussex verfolgt, vor der es ein Entkommen höchstens in einem schon vor Wochen getauchten U-Boot gegeben hätte, so omnipräsent, wie die Lebensbeichte des royalen Reservisten auch in den deutschen Medien ist. Welches Blatt man aufschlägt, welchen Sender man auch einschaltet, überall und immer nur der Ärger mit Harry, der in Wahrheit Henry heißt, aber nicht einmal von seiner Frau so gerufen wird (sondern „H", sprich: eytsch). Wie soll man da zu sich selbst finden?

Wir können also voraussetzen, dass die tragischen Stationen dieses Prinzenlebens sattsam bekannt sind, von der kurzen Einführung in die körperliche Liebe hinter dem Pub über die zum Glück nicht dauerhaften Erfrierungen unter der königlichen Gürtellinie bis hin zu den Zweifeln, dass er wirklich der Sohn seines Vaters ist, den freilich auch schon die Liebe dazu gebracht hatte, einen derart unvergesslichen Satz zu sagen, dass man zwingend von Blutsverwandtschaft sprechen muss.

Die ganze Geschichte ist derart traurig, dass sich nun doch selbst unsere „Reichsbürger" fragen müssen, ob sie wirklich ihren Kaiser Wilhelm wiederhaben wollen. Da sind wir mit der Republik und unseren Bundespräsidenten doch viel besser gefahren. Verglichen mit dem Buckingham-Palast, dieser rassistischen und sexistischen Schlangengrube, ist das Bellevue ja ein Ponyhof. Nicht einmal die Wulffs konnten auch nur annähernd mit den Windsors konkurrieren.

Das Salz in der deutschen Suppe sind wir, die einfachen Bürger. Zwar können wohl die wenigsten wie Harry behaupten, 25 Taliban umgenietet zu haben. Aber auch viele von uns sind schon im festen Glauben an eine gute Sache selbstlos in den Kampf gezogen. Die Namen der ruhmreichen Schlachten, die für die Republik eine so prägende Bedeutung haben wie einst Sedan und Tannenberg für das Kaiserreich, kennen alle (na ja, abgesehen vielleicht von den kleinen Paschas): Gorleben, Startbahn West, Wackersdorf, Hambacher Forst.

Die meisten davon wurden gegen eine Übermacht gewonnen; der zurückeroberte Hambi geht jetzt aus anderen Gründen über die Wupper. Aber auch die Briten mussten schließlich abermals vom Hindukusch abziehen, trotz Harrys Heldentaten. Und uns Deutschen kommt es ja mehr auf die Geste an als auf den Erfolg, siehe zuletzt Qatar.

Daher wird auch der Name Lützerath allenfalls vorübergehend für eine Niederlage gegen die Sturmtruppen des Imperiums stehen, was ja Darth Habeck schon erkannt hat. Lützerath ist kein neues Stalingrad, sondern nur ein Schlussstrich! Wenn dereinst das letzte Kohlebrikett feierlich vor dem Reichstag verbrannt wird, werden die AktivistInnen stolz ihren Enkeln erzählen können, dass sie sich ihr Rheuma damals in Lützerath geholt hätten, als sie sich im Kampf gegen die Erderwärmung eiskalt hätten einbetonieren lassen. Gesundheitsförderlich war auch der Rückzug in das Tunnelsystem nicht, eine Taktik, die sich unsere Klimakämpfer wohl vom Vietcong abgeschaut hatten, es dabei aber nicht ganz zu dessen Perfektion brachten.

Jeder Einzelne der Lützerath-Veteranen könnte also mindestens so viel über seine Träume und Traumata schreiben wie Prinz Harry. Uns würden diese Werdegänge und vor

Vorbild Vietcong: Ein Klimakämpfer gräbt sich ein.

allem die Pläne für zukünftige Aktionen weit mehr interessieren als die Frage, ob Willy und Harry von der bösen Stiefmutter Camilla entzweit wurden oder eher von der durchtriebenen Schwägerin Meghan.

Doch auf Angebote, wie sie die Sussexes von Verlagen und Sendern bekamen, werden unsere jungen Idealisten wohl vergeblich warten. Es spielt für die Lese- und Zahlungsbereitschaft selbst des republikanischen Publikums offenbar eine große Rolle, ob Prinzen und Prinzessinen durch den Schlamm waten oder Krethi und Plethi. Doch selbst Royals sollten es damit nicht übertreiben, wie man auch schon bei Goethe nachlesen kann: „Warum denn, wie mit einem Besen, wird so ein König hinausgekehrt? Wären's Könige gewesen, sie stünden noch alle unversehrt."

Großes Herz

Christine Lambrecht hätte viele Gründe für ihren Rücktritt nennen können, beschränkte sich bescheiden aber auf einen einzigen: die „monatelange mediale Fokussierung" auf ihre Person. Dieser Dolchstoßlegende zufolge wären also wieder wir blutrünstigen Journalisten schuld am viel zu frühen Ende einer vielversprechenden Karriere in der Politik gewesen. Aber wie will man es solchen Politikern auch recht machen? Erst twittern sie wie die Verrückten oder tun zu Silvester skurrile Dinge, um maximale Aufmerksamkeit zu erlangen. Wenn man sie dann aber wie gewünscht fokussiert, treten sie beleidigt zurück.

Für dieses widersprüchliche Verhalten gibt es im Fall Lambrecht eigentlich nur eine Erklärung: Sie hatte (was vieles verständlich machen würde, was man zuvor kaum verstehen konnte) schon lange die Schnauze voll vom Job im Bendlerblock. Nur wollte der Kanzler sie einfach nicht gehen lassen. Mit einer ausgeklügelten, wahrscheinlich von Putin abgeschauten Eskalationsstrategie bis hin zum Silvester-Video hat Lambrecht Scholz dann doch dazu gezwungen, möglicherweise mit der Drohung, zu Ostern noch ein ganz anderes Feuerwerk abzubrennen.

Warum der Kanzler an ihr festhalten wollte? Er jedenfalls will sich nicht von der Presse zu irgendetwas treiben lassen. Zweitens ließ der Vergleich mit Lambrecht Scholz ja richtig gut aussehen. Und dann hat sich doch auch noch die Befürchtung bewahrheitet, dass fast alle den Kopf einziehen, wenn der Chef einen Freiwilligen für das Himmelfahrtskommando im Verteidigungsministerium sucht.

Denn mit mittelmäßigem Tarnen und Täuschen, das in anderen Ministerien reichen mag, kommt man bei den Profis nicht weit. Soldaten erkennen Blendgranaten, Blindgänger und Rohrkrepierer auf den ersten Blick.

Das hat man Lambrecht offenbar verschwiegen, die sich nach der Bundestagswahl eigentlich ins Privatleben hatte zurückziehen wollen, was zweifellos für alle Beteiligten die bessere Entscheidung gewesen wäre, auch wenn sie nach ihrem dreizehnmonatigen Wehrdienst etwas mehr Übergangsgeld bekommen sollte.

Angesichts dieses tragischen Verlaufs soll am vergangenen Wochenende kaum ein SPD-Mitglied ans Telefon gegangen sein, wenn auf dem Display eine Berliner Nummer angezeigt wurde. Nur der brave Parteisoldat Pistorius knallte, als Scholz zum Schluss sogar noch Niedersachsen abtelefonierte, die Hacken zusammen und warf sein Herz über die Hürde beziehungsweise über den Stacheldraht am Bendlerblock. Der Mann hat eben gedient.

Danach kamen auch Heil und Klingbeil wieder aus der Deckung und erklärten, dass Pistorius der allereinzigste Richtige für diese ehrenvolle Aufgabe sei. Man meinte sogar noch in Frankfurt ihr Aufatmen zu hören, dass dieser Blechnapf an ihnen vorübergegangen ist.

Andererseits sollte man den Panzer aber auch im Depot lassen: So schlimm, wie jetzt manche tun, ist es nicht, Inhaber der Befehls- und Kommandogewalt zu sein. Man muss nur wissen, was die Bundeswehr am meisten braucht. Ja, natürlich Munition aller Kaliber, Panzer, die fahren, U-Boote, die auch wieder auftauchen, vor allem aber eines: Liebe.

Nicht zufällig hob der Kanzler ausdrücklich hervor, dass Pistorius mit „seinem großen Herz genau die richtige Person ist, um die Bundeswehr durch diese Zeitenwende zu führen". Auch die Wehrbeauftragte Högl, die bestimmt ans Telefon gegangen wäre, wenn es geläutet hätte, bescheinigte Pistorius, dass ihm die Bundeswehr „sehr am Herzen" liege.

Das konnte man in keinem Nachruf auf Lambrecht lesen. Niemand nannte sie auch nur Mutter der Kompanie. Andererseits: Wie hätte sie den Soldaten ihre Zuneigung denn zeigen sollen? Sie hätte nach geltendem Recht nicht einmal mehr einen Gefreiten tätscheln dürfen, von den Generälen ganz zu schweigen. Aber ein Herz für Tiere (Puma, Leopard) zu offenbaren wäre ihr nicht verboten gewesen. Und beim Gang durch den Panzer-Streichelzoo hätte sie ja die alte Pazifistenparole rufen können, die auch im großherzigen Lob der Genossen für Pistorius durchschimmert: Make love, not war.

Ein Herz für Tiere: Hatte Lambrecht auch nicht.

Scholzing

Also was denn nun? Bringen die Leopard-Panzer, die wir der Ukraine liefern, die Welt dem nuklearen Armageddon näher, wie ein Knecht Putins drohte, der offenbar immer noch nicht begriffen hat, dass dann auch seine Datsche, seine Yacht und er selbst verdampfen würden? Oder ist der Stolz unserer Rüstungsschmieden nur willkommenes Kanonenfutter für die russischen Spezialkräfte, wie ein anderer Putinist dröhnte? Wenn man sich selbst im Kreml nicht einig ist über die Folgen der Panzerwende – wie sollte da unser Kanzler das Ende kennen, von dem her nach der Lehre der Vorgängerin alles bedacht werden muss?

Doch wem gilt der Spott? Scholz, nicht Putin! Da konnten auch wir machen, was wir wollten. Als wir am Mittwoch noch einmal den Greser & Lenz druckten, in dem ein Putin im Bademantel ein Blutbad bestellt, wurden wir mit Protestmails eingedeckt wie aus einer Stalinorgel. Unerträglich, abstoßend, geschmacklos sei diese Zeichnung, ekelhaft, zynisch, menschenverachtend! Einer kündigte sogar das Abonnement, weil wir seine Toleranzgrenze überschritten hätten.

Nun sind wir ja einiges von unseren Lesern gewöhnt. Diese Reaktion aber hat uns überrascht. Wir hätten nicht geglaubt, dass Putin in Deutschland noch so viel Mitgefühl erfährt. Denn verachtet wird in dieser Zeichnung ja nicht das Leiden der überfallenen Ukrainer, sondern ein Diktator, der unter Absonderung unüberbietbarer zynischer Begründungen so ungerührt täglich Blutbäder in der Ukraine anrichten lässt, als seien diese Teil seiner Morgentoilette. Putins grenzenlose Grenzverletzungen finden wir unvergleichlich unerträglicher als selbst die Borderline-Witze unserer Zeichner.

Noch einmal abgedruckt haben wir den Witz, weil er den vom Bundesverband der Zeitungsverleger ausgeschriebenen „Karikaturenpreis der deutschen Zeitungen" gewonnen hat. Und natürlich, weil Diktatoren wenig mehr fürchten, als dass man sich über sie lustig macht. Lächerlichkeit untergräbt ihre Autorität. Muss man auch noch darauf verweisen, dass ein solcher gezeichneter Witz – das ist die präzise Gattungsbezeichnung – in Russland nicht einmal einmal erscheinen würde?

Aber nein, lieber macht man sich lustig über unseren Kanzler (wofür man ja auch nicht vergiftet wird), insbesondere seit ein britischer Historiker dem Begriff „scholzing" zu weltweiter Beachtung verhalf, indem er ihn so definierte: „Gute Absichten nur zu kommunizieren, um alle vorstellbaren Gründe zu nutzen/zu finden/zu erfinden, um diese Absichten zu verzögern und/oder zu verhindern, dass sie geschehen." Auf der Insel mag man das für einen neuen Witz halten, in Wahrheit aber ist er alt. Vom Scholzen im Sinne von „hängen lassen" war in der Ukraine schon im vergangenen Jahr die Rede. Auch im Tschechischen gibt es längst das Verb „šolzovat".

Einen Scholzomaten, wie der Kanzler genannt wurde, als er noch SPD-Generalsekretär war, ficht es aber natürlich nicht an, dass nach dem Kindergarten, dem Waldsterben und der Angst nun auch noch das Scholzen den englischen Wortschatz vergrößert. Nach der deutschen Übersetzung von „scholzing" gefragt, sagte Scholz im ZDF: „Deutschland macht das meiste." Das ist zwar auch nicht völlig zutreffend. Doch sollten unsere englischsprachigen

Die Lehre der Vorgängerin – das Ende bedenken.

Freunde, denen wir zugegebenermaßen die Wonnen des Joggings, Walkings, Pettings und so weiter verdanken, sich doch erst einmal Gedanken über das Bidening, Trumping, Trussing und Johnsoning machen, ganz zu schweigen vom Harrying und Meghaning.

Kluge Köpfe, also unsere Leser, die noch nicht gekündigt haben, wissen natürlich, wofür diese Begriffe stehen, sodass wir den letzten Absatz nutzen können, um zu Putin zurückzukehren. Der behauptete, in Deutschland herrsche immer noch die Besatzungsmacht USA. In seiner Verzweiflung über den Kriegsverlauf versucht er offenkundig, nach Söldnern und Mördern nun auch noch seine allerletzte Reserve zu mobilisieren: unsere „Reichsbürger". Wir nennen diese Vorgehensweise, einen derart harmlosen Witz wird man ja wohl noch über ihn machen dürfen, jetzt natürlich Putining.

Narren

Am Dienstagabend fuhr uns ganz schön der Schreck in die Glieder: ein chinesischer Spionageballon, direkt über dem Frankfurter Messeturm, mit Kurs auf unser Hochhaus! Wir sahen dann aber doch davon ab, die Luftwaffe anzurufen. Denn erstens hat die Bundeswehr kaum noch etwas, mit dem sie so ein Ding abschießen könnte; da alarmiert man besser den örtlichen Schützenverein. Und zweitens stellte sich nach nochmaliger Betrachtung heraus, dass es sich bei dem Objekt nur um den Mond handelte.

Da waren wir erleichtert, aber auch enttäuscht. Amerika, Japan, Kolumbien – überall lassen die Chinesen ihre Ballons fliegen, nur für Deutschland scheinen sie sich nicht zu interessieren, abgesehen von einem Terminal im Hamburger Hafen. Dabei könnte Xi Jinping jetzt Dinge über unsere Politiker erfahren, die sie nur zur Faschingszeit preisgeben, dann aber vollkommen tabulos. Die wollen sich zwar in ihrer Mehrheit nicht länger von Putin zum Narren halten lassen; das verschafft ihnen nach so vielen Jahren keine Befriedigung mehr. Aber sich selbst mehr als sonst zum Narren zu machen, das scheint unseren Politikern jeden Geschlechts und fast jeder Couleur von Karneval zu Karneval mehr Freude zu bereiten.

Allerdings zum Leidwesen des Publikums. Das war bei der Verleihung des Ordens wider den tierischen Ernst sichtlich dankbar, dass ihm die Kapelle mit dem zunehmend verzweifelt klingenden Tätä signalisierte, wo in der Rede der neuen Ritterin Annalena die Pointen sitzen könnten. Die beste verschoss die Außenministerin gleich am Anfang, als sie berichtete, überlegt zu haben, als Leopard verkleidet zu kommen. Das war zwar nur mäßig witzig – ChatGPT hat einfach noch keinen Humor –, ließ bei den alten weißen Männern im Saal aber bestimmt das Kopfkino anlaufen. Baerbock im Leopardenfell, da denkt der männliche Boomer doch sofort: Ich Tarzan, du Annalena.

Eine Mitschuld daran trägt in diesem Fall aber auch eine alte weiße Frau, die den Saal zuvor erst so richtig erhitzt hatte mit einer spritzigen Rede, die vor Schweinkram nur so strotzte. Hier einige Auszüge: „Das sind jetzt die neuen Freier in meinem ersten flotten Dreier", „gestöhnet im Terzett", „ein jedes Thema wird bestiegen, und jeder darf mal oben liegen", „ein frivoler Doppel-Wumms gehört in jeden guten Bums", „so treiben wir es im Haushaltsloch, die Ekstase kommt wohl noch, doch wenn man auf das Trio blickt, ist noch nicht klar, wer wen hier – am meisten leiden kann".

Die Chinesen würden beim Abhören der Aufnahmen wohl lange rätseln, wer hier wen am meisten leiden kann. Wir Deutsche aber wissen natürlich, dass es sich bei der „Allergeilsten" (Selbstbeschreibung) um Marie-Agnes Strack-Zimmermann (MASZ) handelte, die über die Koalition sprach, der sie angeblich angehört. Dem „Kanzler-Zwerg" attestierte sie übrigens schwere Amnesie, wohl nicht nur wegen der Warburg-Bank, sondern auch, weil er vergessen hatte, sie ins Kabinett zu berufen.

Ein mindestens so schweres Versäumnis war es, dass Scholz nur vor einem Überbietungswettbewerb bei den Waffenlieferungen warnte, nicht aber vor dem Unterbietungswettlauf beim Humor. Wie fahrlässig! Über Männer, besonders alte weiße, darf man inzwischen ja alles sagen. Man will sich aber nicht ausmalen, was los gewesen wäre,

Stoßgebet: Oh Herr, lass Aschermittwoch werden!

wenn in Aachen ein Mann so über die Zwerginnen in der Politik geredet hätte wie MASZ über die „Zwerge, die ich meine, mit ihrem Ego nahe der Beine". Gut, der Satz „Die, die so huren, stehlen, töten, tragen alle unten Klöten" hätte dann natürlich nicht fallen können. Und auf Eierstöcke reimt sich kaum etwas Schlimmes.

Aber bestimmt würden nicht nur dem CDU-Chef Merz, auf den sich alle Rednerinnen eingeschossen hatten, ein paar aufsehenerregende Bemerkungen einfallen. Markus Söder unterstellte bei der Verleihung der Goldenen Narrenschelle ja sogar schon seinem Buddy Winfried Kretschmann, schwarze Unterwäsche zu tragen. Oje, jetzt geht es auch bei uns los mit dem Kopfkino. Herr, lass Aschermittwoch werden, nein, besser gleich Ostern!

Demut

Lesen die in Tschetschenien eigentlich keine deutschen Zeitungen? Wir werden gleich im Vertrieb nachfragen, ob wir nicht wenigstens dem Präsidenten ein E-Paper zukommen lassen könnten. Anders als mit weitgehender Ahnungslosigkeit in Bezug auf Deutschland ist ja kaum zu erklären, dass Ramsan Kadyrow sich bei der Errichtung der Sowjetunion 2.0 nicht mit der Ukraine zufriedengeben will, sondern auch die Bundesländer, die früher die DDR waren, heim ins Reich holen möchte.

Zwar könnte per Mundpropaganda sogar bis nach Grosny gedrungen sein, dass die Ossis mehrheitlich den Ukrainern empfehlen, ihren Widerstand gegen die Russen einzustellen. Andererseits hätte zum Beispiel mit den aufmüpfigen Sachsen wohl sogar ein Kadyrow seine liebe Not. Ganz offensichtlich hat man im Kaukasus aber vergessen, dass zur Zone auch der Osten von Berlin gehörte. Und den scheint man, weil inzwischen wieder untrennbar mit dem dekadenten Westteil verbunden, nicht einmal im Kreml mehr haben zu wollen. Aus Moskau ist immer nur zu hören, in wie wenigen Minuten eine Hyperschallrakete die ganze deutsche Hauptstadt vernichten könnte.

Von russischen Plänen, Berlin im Handstreich zu nehmen wie etwa Sewastopol, weiß jedenfalls nicht einmal der gewöhnlich gut informierte britische Geheimdienst etwas. Das deutet darauf hin, dass jedenfalls gegenüber Moskau die Abschreckung funktioniert, wenn es ihr nicht an Glaubwürdigkeit mangelt. Und wer hätte deutlicher machen können als die rot-rot-grüne Koalition, dass Berlin eine Stadt ist, an der kein Eroberer der Welt seine Freude hätte, und wäre er der wiedergeborene Stalin (wofür es im Falle Putins ja Anzeichen gibt)?

Ein Diktator, der etwas auf sich hält, will nämlich erstens durchregieren, was in Berlin nicht einmal Angela Merkel vergönnt war. Zweitens braucht er Magistralen, auf denen er mit seiner Wagenkolonne hin und her fahren kann. Der russische Botschafter wird aber schon nach Moskau gekabelt haben, dass das auch in der Friedrichstraße nicht mehr geht.

Doch wollen wir Berlin nicht schlechter machen, als es ist, sonst gibt es nur wieder Kündigungen. Die Stadt kann selbst für lupenreine Demokraten attraktiv sein. Die können sich dort, besonders was Wahlen angeht, sofort heimisch fühlen. Auch in Berlin werden Stimmzettel behandelt wie Postwurfsendungen. Enttäuscht das Ergebnis, finden sich immer noch irgendwo ein paar Wahlbriefe. Das Beste aber ist, und das wird Herrn Kadyrow sicher interessieren: Selbst nach dramatischen Verlusten bei einer Wiederholungswahl bleibt alles beim Alten, also die Regierung an der Macht. Genau wie in Tschetschenien! Der einzige Unterschied: In Berlin nennen sie das dann, wie Franziska Giffey es tat, Demut.

Nun verstehen wir auch, warum speziell für die Wiederholungswahl das „Erfrischungsgeld" vervierfacht worden ist. Mit 240 Euro in der Tasche kann man sich jedes Ergebnis schöntrinken.

Spätestens jetzt werden Berliner Leser wohl rufen: Ihr Frankfurter, haltet mal die Luft an! In der Tat hatte sich auch unser nicht regierender Bürgermeister so vollflächig an seinen Sessel geklebt, als wäre er die „Letzte Generation" in einer Person. Aber das half dem Pattex-Peter gar nichts: Wir

*Berliner, lest unser Blatt: Frankfurt muss sich
kein Wahlergebnis schöntrinken.*

haben ihn trotzdem zum Teufel gejagt, und zwar ohne dafür siebzehnmal die Stimmen auszählen zu müssen.

Wir Frankfurter sind auch in Sachen ziviler Widerstand viel effizienter als die Berliner. Die haben zwar aus – wie wir nun sehen: berechtigter – Angst vor einer Luftlandeoperation den Bau ihres Flughafens erfolgreich um Jahre verzögert. Doch was machen sie jetzt, wenn die tschetschenischen Truppentransporter zur Landung ansetzen, um Scholz „auf die Schnauze" zu hauen und auch uns übrigen Deutschen zu zeigen, dass unser Platz unter dem russischen Stiefel ist? Berliner, schaut auf unsere Stadt: Wir brauchten nur einen einzigen Bagger, um unseren Flughafen auszuschalten. Darauf werden wir in aller Demut und Bescheidenheit doch hinweisen dürfen, insbesondere den Leser Kadyrow.

Gendertransformativ

Wir müssen, um bloß nicht falsch verstanden zu werden, mit Selbstverständlichem anfangen: Söder ist nicht Putin. Die CSU ist nicht „Einiges Russland". Und der Freistaat Bayern ist nicht die Russische Föderation. Star-Wars-Fans, zu deren größten der CSU-Chef zählt, könnte man den Unterschied leicht erklären: Das Putin-Regime steht auf der dunklen Seite der Macht, die Söder-Truppe auf der hellen. Deswegen kam der CSU-Generalsekretär Huber auch im weißen Gewand des letzten Jedi-Ritters nach Veitshöchheim. Doch selbst Luke Skywalker schwankte zwischen Gut und Böse, weswegen uns schon seit einiger Zeit die Frage quält: Hätte vielleicht sogar aus Putin ein echter lupenreiner Demokrat oder wenigstens ein CSUler werden können, wenn er nicht in Sankt Petersburg auf die Welt gekommen wäre, sondern in Sankt Wolfgang?

Wobei aber auch auf der hellen Seite der Macht Versuchungen lauern, denen nur die gefestigsten Persönlichkeiten widerstehen können wie eben Söder. Wenn ein Saal so kocht und tobt wie die Passauer Dreiländerhalle am Aschermittwoch – das Luschniki-Stadion in Moskau war nichts dagegen –, dann braucht jedenfalls ein Mann schon besondere Charakterstärke, um nicht die Sportpalast-Frage zu stellen, sondern den „Kriegsrausch" der Grünen derart zu geißeln, wie das sonst nur noch Sahra Wagenknecht kann. Söder wurde von seinen Anhängern so frenetisch dafür gefeiert, seiner falschen Liebe zu den ehemaligen Pazifisten, den Bäumen und den Bienen abgeschworen zu haben, dass Putin vor Neid erblasst sein und sich gefragt haben muss, was der CSU-Chef gerade erobert habe – das restliche Schwaben?

Das würde Söder seinem Spezl Kretschmann aber natürlich nicht antun, der ihn schließlich jede Nacht mit einem Waschlappen abreibt, wenn wir den feuchten Traum des CSU-Chefs richtig verstanden haben. Nein, Söder erwirbt sich vor der Wahl im Herbst lieber Verdienste als Verteidiger des Vaterlands gegen den kollektiven Norden, der die Bayern dazu zwingen will, statt Schweinsbraten Müslimaden zu essen und diese zuvor auch noch zu gendern.

Wo aber bleibt Söders Aufstand gegen die feministische Außenpolitik, die eindeutig auf einen Regimewechsel in allen Staaten abzielt, in denen Alleinherrscher einsame Fehlentscheidungen treffen, also auch in Bayern? Baerbock greift natürlich nicht zu nach Bismarck klingenden Formeln wie „Am weiblichen Wesen soll die Welt genesen". Sie nennt ihre Anti-Pascha-Politik viel geschmeidiger „gendertransformativ". Begründet wird dieser Ansatz auch damit, dass der Frieden nachhaltiger sei, wenn Entscheidungsprozesse „inklusiv" gestaltet würden: Eine „stärkere Teilhabe von Frauen bringt größere Sicherheit".

So gesehen war es völlig richtig, diese Leitlinien noch vor der nationalen Sicherheitsstrategie zu erarbeiten, die wir uns jetzt eigentlich schenken können. Allerdings fällt uns gerade ein, dass auch schon Frauen Kriege führten: Cleopatra, Katharina die Große, Maria Theresia, Queen Victoria, Indira Gandhi, Golda Meir, Margaret Thatcher, um nur einige Amazonen zu nennen. Und fühlten wir uns unter der Verteidigungsministerin Lambrecht wirklich sicherer? Hätten wir keine Angst vor Putin mehr, wenn Wagenknecht im Bendlerblock einzöge und Alice Schwarzer im Auswärtigen Amt den Beamten dabei hülfe, den feministischen Reflex

Nachhaltig transformiert: Dieser Mann stellt keine Gefahr mehr dar.

auszubilden? Aber so konsequent will Baerbock die Gender- und Diversitätskompetenz in ihrem Haus wohl doch nicht stärken.

In einem möge man sich freilich nicht täuschen: Der feministischen Außen- und Entwicklungspolitik wird, wenn die Ampelkoalition nicht ihrer Diversität zum Opfer fällt, bald auch eine feministische Innen-, Verteidigungs-, Umwelt-, Energie-, Wirtschafts-, Gesundheits- und Haushaltspolitik folgen. Davor mag es alte weiße Männer gruseln. Doch möchten wir zu bedenken geben, dass wir dann vielleicht wirklich in größerer Sicherheit leben könnten als vor dem Siegeszug des Feminismus in der deutschen Politik. Der müsste Putin doch auch noch die letzte Lust austreiben, uns zu erobern.

Falsche Flagge

Vermutlich verklären wir jetzt die Vergangenheit. Aber waren es nicht doch wunderbare Zeiten, als wir sonntagnachmittags in einem wohlig warmen Wohnzimmer auf dem Sofa liegen und einen altmodischen Piratenfilm schauen konnten, allenfalls von der Sorge bedrängt, ob noch genügend Kartoffelchips da sind? Tempi passati. Heutzutage fiebert man nicht mehr mit Errol Flynn dem nächsten Abenteuer entgegen, sondern fröstelt vor sich hin, weil die Gasrechnung eingeschlagen hat wie eine Breitseite aus Neunpfündern oder der Holzpelletbunker so leer ist wie ein Munitionsdepot der Bundeswehr. Außerdem muss man jetzt immer öfter siebenundzwanzig Folgen schauen, bis endlich der/die/das Gute siegt, was aber auch nicht länger garantiert ist.

Seit dieser Woche haben wir eine Ahnung, wie nach „Die Brücke – Transit in den Tod", „Pirates of the Caribbean" und „Der Schwarm" der nächste maritime Serienwurm heißen könnte: „Die Saboteure der Ostsee". Verfilmt werden die Geheimnisse rund um die Nord-Stream-Pipelines in jedem Fall. Eine spannendere Agentengeschichte hätte sich schließlich nicht einmal John le Carré ausdenken können. Was für ein Unglück, dass Richard Burton und Sean Connery nicht mehr leben und Clint Eastwood nicht mehr ganz so beweglich ist. Wir würden doch atemlos im Kinosessel versinken, wenn die drei Haudegen nachts über die stürmische Ostsee segelten, in der Tiefe ein paar Monsterminen legten und danach auf ihrer Yacht bei einem Wodka-Martini den roten Knopf drückten, während Ursula Andress ihnen als Tauchärztin den Puls fühlt.

Dass es die Guten waren, die das Rohr aus dem Reich des Bösen sprengten, dürfte auch in einem solchen Streifen natürlich erst am Ende herauskommen. Vorher müsste es mindestens so viele Verdächtige geben wie in dem tatsächlichen Fall, der uns alle in seinen Bann zieht. Und unbedingt eine „False-Flag-Operation", die nun ja schon in den deutschen Wortschatz eingedrungen ist. Doch welche unserer nichtschwimmenden Einheiten könnte auf der Leinwand unter falscher Flagge aufkreuzen? Na klar, die „Gorch Fock"! Die ließe sich für die Filmaufnahmen in „Seeteufel" umbenennen. Graf Luckner, der „Pirat des Kaisers", täuschte seine Gegner ja auch gerne mit falschen Farben.

Der Einsatz unseres Sabotageschulschiffs würde einen Cameo-Auftritt Robert Habecks ermöglichen, der über einschlägige Erfahrungen beim Täuschen verfügt. Der Pirat des Kanzlers hat sich unter der flauschigen Flagge des Deutschlandverstehers erst einen Platz im Kabinett und dann auch noch an der Spitze der Meinungsumfragen erschlichen. Jetzt, wo selbst der gelbe Freibeuter ihn kaum noch aufhalten kann, hisst Habeck breit grinsend wie Jack Sparrow den Jolly Roger und lässt seine Green Pearl eine Breitseite nach der anderen in unsere wehrlosen Jollen jagen. Gasheizungsverbot, Ölheizungsverbot, Verbrennerverbot, Dämmpflicht – da fragt man sich langsam, ob man nicht doch lieber in Russland lebte.

Wieso verdächtigt eigentlich noch keiner die Grünen, die Gasleitungen in der Ostsee in Rückzugsorte für bedrohte Fischarten verwandelt zu haben? Die Grünen haben uns schon bei der Atomkraft den kalten Entzug verordnet. Und

*Unter flauschiger Flagge: Wo waren in jener Nacht
Robert und Annalena?*

ein Zurück zum Gas wollen sie auch um jeden Preis verhindern. Auch andere Feldherren verbrannten ihre eigenen Schiffe, um ihren Truppen klarzumachen, dass es keinen Rückzug geben kann. Heutzutage muss man dafür nur eine Unterwasserpipeline sprengen. Spezialisten für Waffentechnik haben die Grünen inzwischen genug. Herr Hofreiter, wo waren Sie in der Nacht vom 25. auf den 26. September 2022?

Doch zurück zum Filmprojekt. Damit es Aussicht auf so viele Oscars hat wie die höchst überflüssige Neuverfilmung von „Im Westen nichts Neues", sollten auch noch der Fliegende Holländer und der Klabautermann auftreten. Die beiden Rollen könnte mühelos ein einziger Staatsschauspieler übernehmen: Gerhard Schröder. Der segelt schon mindestens seit seiner Pensionierung unter falscher Flagge, das aber immerhin mit einer echten Fahne.

Frack

Welche Folgen fortgesetzter Schlafentzug haben kann, lässt sich an der fröhlichen Äußerung des Finanzministers ermessen, wonach er gerne jeden Monat drei Tage lang mit seinen Koalitionspartnern verhandeln würde, wenn dabei Ergebnisse herauskämen wie nach der jüngsten Dreißig-Stunden-Sitzung. Die Resultate muss sich ein derart gemartertes Hirn ja schöndenken, weil es sonst zwangsläufig zu dem Schluss käme, dass es besser sei, nicht zu verhandeln, als nächtelang schlecht zu verhandeln. Wir Ausgeschlafenen wissen aber, dass die sogenannte Fortschrittskoalition ein auf dem Zahnfleisch gehendes Bündnis ist, das nur noch vom Mangel an Alternativen zusammengehalten wird. Der Lack ist endgültig ab. Das kommt davon, wenn man zum Anstreichen nur Ökofarben auf Wasserbasis genommen hat und sich danach wechselseitig mit Salzsäure bespritzt.

Da tat es gut, dass in dieser Woche König Karl III. und seine Königingemahlin ordentlich Glanz nach Berlin brachten. Wir Deutsche sind ja, obwohl überzeugte Anhänger der Republik, immer ganz aus dem Häuschen, wenn gekrönte Häupter kommen. Karl durfte sogar im Bundestag sprechen, obwohl er noch gar nicht gekrönt ist. Aber überall wurde er empfangen, als hätte er die Kronjuwelen schon im Gepäck. Beim Staatsbankett im Bellevue reizte das Protokoll die Möglichkeiten der Ehrerbietung sogar bis zum letzten Knopf aus. Wenn die Queen nach Berlin kam, reichte bei Männern noch der Smoking, um in den Festsaal gelassen zu werden. Für das

Dinner mit Karl und Camilla aber lautete der Dresscode: Frack.

Der Frack ist zweifellos die Krone der Herrenbekleidung, die in Deutschland anders als in Österreich aber nicht jedermann noch im Schrank hat. Woher also nehmen, wenn nicht einen Oberkellner oder einen Saaldiener im Bundestag bestehlen? Einen Schneider, der schnell die alte Rüstung erweitert, findet man noch schwerer als einen Klempner, der eine Wärmepumpe auf Lager hat. Frackverleiher gibt es mangels Nachfrage immer weniger. Vom Faschingsausstatter ist abzuraten, auch wenn es ums Verkleiden geht.

Mancher Eingeladene dürfte daher, als er Steinmeiers Frack-Befehl las, das Fracksausen bekommen und abgesagt haben. Der Kanzler und sein Stellvertreter kamen aber bestimmt aus anderen Gründen nicht. Ein Gast im Bellevue mutmaßte, Absicht des präsidialen Frackings sei es wohl gewesen, bei den Gästen die Spreu vom Weizen zu trennen. Denn das Interesse, am Staatsbankett teilnehmen und das auf Instagram posten zu können, war natürlich viel größer als das Fassungsvermögen des Festsaals.

Aber das mit dem Abschreckungsversuch war eine reine Verschwörungstheorie, auch wenn man beim Anlegen des Fracks versteht, warum es früher Leibdiener gab. Dem Bellevue ging es jedoch ausschließlich darum, wenigstens garderobemäßig mit Versailles mithalten zu können, wo Karl und Camilla eigentlich zuvor hätten dinieren wollen, wenn in Paris nicht schon wieder ein Sturm auf die Bastille gedroht hätte.

Und so schlecht hat die Berliner Republik sich gar nicht geschlagen, selbst wenn es nicht bei jedem Herrn auch noch für die Lackschuhe gereicht hat und unter mancher deutschen Manschette ein Chronometer im Taucheruhren-

Die Krone der Herrengarderobe:
Doch mancher bekommt das Fracksausen.

format hervorragte, wo der Mann von Welt zum Frack doch allenfalls eine schlanke Taschenuhr trägt. Schade, dass Lars Klingbeil noch ausschlafen musste, der hätte endlich einmal die Savonette Bebels vorführen können.

So aber zeigte sich auch an diesem Abend, dass bei der SPD die Frauen die Hosen anhaben, und das nicht bloß im übertragenen Sinne. Saskia Esken und Bundestagspräsidentin Bärbel Bas kamen nicht im empfohlenen Abendkleid, sondern im Hosenanzug, den aus diesem feierlichen Anlass sogar Angela Merkel gegen etwas Festlicheres eingetauscht hatte. Formvollendet im Frack erschien einer, der sich ebenfalls mit Hosen auskennt: Campino. Dessen Stilsicherheit war freilich keine Überraschung: Er hat auch einen britischen Pass.

Torschlusspanik

Vielleicht sind ja auch Sie schon einmal vom Zweifel gequält worden, ob Sie den richtigen Beruf ergriffen haben. Solche Grübeleien behält man aber am besten für sich, denn sonst bekommt man selbst von wohlmeinenden Menschen wie Müttern zu hören: „Ja, du hättest eben was Anständiges lernen sollen!" Jedenfalls wer Journalist geworden ist, kann dann nur schlecht widersprechen.

Wobei wir aber doch festhalten wollen, dass es nicht überall in unserer Branche so vogelwild zugeht wie bei Springers auf dem Sofa. Nach alldem, was man dazu inzwischen lesen kann, fangen wir nun doch an, die Geschichten zu glauben, die uns Flüchtlinge erzählt hatten. Wir biederen Provinzeier hielten diese Erzählungen aus tausendundeiner Nacht für Übertreibungen von Leuten, die zu viele Episoden von „Babylon Berlin" gesehen hatten. Nun aber wissen wir: Das waren nackte Tatsachenberichte aus einer Welt der Männerbünde, in der mit ausdrücklicher Billigung des obersten Chefs jeder beim „F....." nach seiner Fasson selig werden soll. Geld, Macht, Leidenschaft, Treue, Intrige, Verrat, Lüge, Rache – das ist nicht nur der Stoff für einen Roman, sondern für eine vierzigteilige Netflix-Serie, für die einer von „Bild", wie der „Spiegel" genüsslich berichtete, auch schon einen Titel parat hätte: „Denver, Dallas, Döpfner".

Aber jetzt mal Hand aufs Herz: Wir lesen doch selbst die Enthüllungen über Springer und Gomorra lieber als die Prosa, die unsere Regierung zur Heizungswende absondert, oder? Da menschelt es zwar auch, etwa in der

Bestimmung, dass Oma und Opa ihren Holzvergaser weiterbetreiben dürfen, wenn auch sie selbst schon das achtzigste Lebensjahr vollendet haben. Die Schonfrist gilt aber nur bis Ende 2044. Liebe Senioren, wenn Sie also gedenken, hundert Jahre oder gar noch älter zu werden, sollten Sie schon jetzt einen Termin mit dem Energieberater und dem Heizungsbauer vereinbaren. Die Warte- und Lieferzeiten dürften sich noch einmal verlängern. Man weiß doch, was in Deutschland losbricht, wenn es für irgendwas Fördergelder gibt – dann bestellt sich sogar noch der Passivhausbesitzer eine Wärmepumpe, größer natürlich als die des Nachbarn.

Andere wollen lieber schnell noch einen neuen Gas- oder Ölkessel ordern, weswegen der Architekt der Wärmewende, Wirtschaftsminister Habeck, vor einer „Torschlusspanik" beim Heizungstausch warnte. Die erzeugte freilich

Heizungswende: Oma und Opa dürfen ihren Holzvergaser weiterbetreiben.

niemand anderes als Habeck höchstpersönlich. Die Klimapolitik der Ampel leidet ja selbst derart unter Panikattacken, dass Finanzminister Lindner zum Gesetzentwurf eine Protokollerklärung abgeben musste, man hoffe auf mehr Vernunft und Gelassenheit im Bundestag.

Guter Witz! Etwas beruhigt uns aber die Garantieerklärung der Bauministerin Geywitz, wegen dieses Gesetzes müsse niemand sein Haus verkaufen. Wenn Jens Spahn und sein Mann das bloß ein paar Wochen früher gewusst und wir diesen ganzen Wahnsinn schon vor einem halben Jahrhundert geahnt hätten! Dann wäre unsereiner natürlich nicht Journalist geworden, sondern Installateur. Reinhard Mey sang ja schon 1974: „Ich bin Klempner von Beruf, ein dreifach Hoch dem, der dies gold'ne Handwerk schuf." Golden ist mittlerweile freilich gar kein Ausdruck mehr für die Verdienstmöglichkeiten, die diese Branche nun der Ampel verdankt.

Für uns alte schreibende Schlachtrösser ist es, das müssen wir trotz eines Anflugs von Torschlusspanik zugeben, aber zu spät für den Wechsel in ein anständiges Gewerbe. Die Abiturienten, die wegen des Digitalversagens in Düsseldorf nicht ihre Physikprüfung schreiben konnten, sollten sich freilich überlegen, ob das nicht ein Wink des Schicksals war. Reinhard Mey besang nämlich wirklich ewige Wahrheiten: „… denn auch in den größten Nöten gibt es immer was zu löten, immer wieder gibt es Pannen, an WCs und Badewannen …" Und noch eher schreibt eine Künstliche Intelligenz Kolumnen wie diese hier, als dass sie auf dem Dach herumturnt und Solarzellen installiert.

Tiefschläge

War das nicht putzig? Dieses Spalier aus Kaminkehrern, die den neuen Regierenden Bürgermeister von Berlin im Roten Rathaus empfingen, um ihm Glück für seine Tätigkeit zu wünschen, das er ebenso brauchen wird wie Gottes Hilfe, um die er beim Ablegen des Amtseides bat? Denn es hätte ja auch niemand überrascht sein können, wenn Wegner nicht von wohlwollenden Schlotfegern mit Reisigbesen, sondern von seinen neuen Bündnisgenossen mit Spießruten begrüßt worden wäre, so übel hatten ihm diese – und vielleicht sogar auch Kameradenschweine aus der eigenen Partei – schon bei seiner Wahl im Abgeordnetenhaus mitgespielt. Die Franz Josef Strauß zugeschriebene Steigerungsformel „Feind, Todfeind, Parteifreund" hat eine noch schärfere Variante: Todfeind, Parteifreund, Koalitionspartner.

Auch wenn jetzt manche Gift und Galle spucken werden wie eine Speikobra: Berlin ist und bleibt eine Schlangengrube. In einer Zeit, in der sich fast alles ändert, könnte man aber vielleicht sogar darüber ein bisschen froh sein. Wir hatten uns schon Sorgen um die Lebensgeister der SPD gemacht, weil die bereits länger als ein Jahr kein bisschen gegen den eigenen Kanzler aufmuckt, obwohl der ihr eine Politik zumutet, die viele Genossinnen und Genossen bis zur Zeitenwende für völlig unerträglich gehalten hatten.

Nun beweisen immerhin die Hauptstadtsozis, dass sie immer noch ein klares Feindbild haben und nach wie vor größte Freude daran, ihr eigenes Führungspersonal zu schreddern. Mit Wegner hätten die Heckenschützen im

Keine Absicht: Die Ähnlichkeit mit einem Vorgang auf dem FDP-Parteitag ist rein zufällig.

Abgeordnetenhaus ja auch Giffey zu Fall gebracht, der noch nicht einmal ihre Plagiatsaffäre etwas hatte anhaben können. Unvergleichlich stärker empörten sich Giffeys einstige Verbündete nun darüber, dass Wegner nur mithilfe der AfD ins Amt gelangt sei. Diese vergiftete Behauptung ist ein gerissener Winkelzug gewesen, dem die Berliner Grünen und die Linkspartei voll auf den Leim gingen. Nie zuvor attestierten sie der AfD solche Glaubwürdigkeit.

Dit is Berlin, kann man zu all dem nur sagen. Die Stadt unterstreicht ihren Ruf, ein Ort der einzigartigen Vorgänge zu sein, derzeit ja auch noch durch die sich ausweitende Schlammschlacht, in die der Springer-Verlag gezogen ist. Man könnte sogar von einem Bürger-, wenn nicht Bruderkrieg sprechen, denn da bekämpfen sich schließlich Menschen, die allergrößten Wert auf ihre Bürgerlichkeit legten und sich jahrelang als Brüder im Geiste verstanden.

In diesem Kampf geht es inzwischen so schmutzig zu wie früher nur beim Schlammcatchen. Es müssen wirklich alle Dämme gebrochen sein, wenn nun sogar ein ehemaliger inoffizieller Mitarbeiter der Stasi, inzwischen Verleger der „Berliner Zeitung", meint, sich als Hüter der journalistischen Ethik aufspielen zu müssen. (Es kennt sich freilich auch kaum jemand so gut aus mit Denunziation und dem Vernichten von Unterlagen wie die alten Stasikader.)

Den Titel „Tiefschlag der Woche" müssen wir dennoch einer anderen Prügelei verleihen, die sich natürlich auch in Berlin ereignete. Beim FDP-Parteitag verpasste Nicola Beer auf offener Bühne ihrem Parteivorsitzenden einen derart präzisen Schwinger in die Weichteile, dass Lindner so einknickte wie sein Freund Habeck damals vor dem Scheich in Qatar. Der Finanzminister kam nach diesem Foul, das Beer selbstverständlich nicht mit Absicht beging, allerdings schneller wieder hoch als der Wirtschaftsminister beim Dienern am Golf. Lindner lächelte sogar, als sei Deutschland auf einen Schlag schuldenfrei geworden.

Was hätte er auch anderes tun sollen? Sich schreiend auf dem Boden wälzen? Zurückschlagen? Politikern bleibt, wenn Koalitionspartner oder Parteifreundinnen zur Blutgrätsche ansetzen, nur, gute Miene zum bösen Spiel zu machen (und aus dem eigenen Herzen eine Mördergrube). Da haben die Springer-Streithähne es besser: Die können, was sie offenbar wirklich wollen, ihre schmutzige Wäsche in aller Öffentlichkeit waschen, wenn schon nicht in der „Berliner Zeitung", dann eben in anderen Postillen und sogar noch vor Gericht.

Lebensaufgabe

Was erlauben sich FDP, Grüne und SPD! Diese drei Zwergparteien – es geht hier um deren Vertretungen in Bayern – haben allen Ernstes eine Razzia in der Parteizentrale der CSU gefordert, weil sie dort Belege für Vetternwirtschaft vermuteten. Dieser Antrag wurde natürlich von der Regierungskoalition abgeschmettert. Die CSU ist doch weder der Habeck-Clan noch die 'ndrangheta! Gerade weil die Partei seit Jahrzehnten der Garant dafür ist, dass im Freistaat alles läuft wie geschmiert, kann man mit ihr nicht umspringen wie mit der kalabrischen Mafia!

Schon gar nicht in einem Jahr, in dem in Bayern gewählt wird. Bisher sieht es da gar nicht schlecht aus für den amtierenden Staatschef Söder und seinen Ministerpräsidentenwahlverein, der ihn – die Völker der Welt mögen, geblendet vom Tand der Monarchie, nach London schauen, als fränkischer Republikaner blickt man nach Nürnberg – an diesem Samstag zum Spitzenkandidaten für die Landtagswahl krönt.

Als solcher ist er schlicht alternativlos. In der CSU rufen nur noch einzelne Verwirrte „Not my Markus!". Und auch das Wahlvolk sieht oft so gnädig über Söders alte Schmutzeleien hinweg wie die Briten inzwischen über Karls frühere Seitenspringerei. Wer sollte Bayern denn regieren, wenn nicht Söder? Die Opposition ist ja nur zu Verzweiflungsakten wie dem eingangs erwähnten fähig. Niemand, nicht einmal der Selbstlautschänder aus Niederbayern (fränkischer Spott für Aiwanger), rockt die Bierzelte besser als Söder. Etwa mit Sprüchen wie „Ein Leben ohne Bratwurst ist möglich, aber nicht sinnvoll". Da johlt das Wahlvolk und denkt sich: Das gilt für die Wurst wie für den Mann.

Sogar im Tierreich läuft schon wieder alles auf Söder zu. Wolf und Bär scheinen sich geradezu darum zu reißen, ihn als fürsorglichen Landesvater aussehen zu lassen, der seine Schäfchen vor wilden Bestien schützt, ob die EU den Abschuss erlaubt oder nicht. Im Freistaat geht, seit Söder Wachsamkeit ausstrahlt, als sei er der durch die Wälder patrouillierende Old Shatterhand mit dem Bärentöter, nur noch eine Angst um: dass er schon in zwei Jahren Bayern den wilden Tieren und den Grattlern von den Grünen überlassen könnte, weil es ihn in ein größeres Revier zieht – nach Berlin.

Dazu erklärt Söder nun feierlich: nein, Thema erledigt, stehe nicht zur Verfügung, Lebensaufgabe Bayern und so weiter und so fort. Was sollte er auch anderes sagen, wenn ihm ganz überraschend ein Lanz mit der K-Frage kommt,

Wenn ein Bär ein Zamperl reißt: Old Söderhand würde seine Pflicht tun.

die für Söder eine so gefährliche Tretmine ist wie für andere Politiker das N-Wort? Ein offenes Bekenntnis, in die Bundesliga wechseln zu wollen, würde Söder im Herbst Prozente kosten, weil der gemeine Wähler dann denkt: Aha, wir sind ihm nicht länger gut genug. Ein fulminanter Wahlsieg in Bayern ist aber Voraussetzung für die Operation Zweiter Anlauf.

Allerdings gibt es hier ein Problem mit der Glaubwürdigkeit: Den Schwur, in München zu bleiben, hatte Söder auch schon vor der letzten Bundestagswahl abgelegt, bis er dann kurzfristig bekannt gab, ihn zu brechen. Und schon im Kindergarten lernt man ja: Wer einmal lügt ...

Dazu kann aber nur ein Despot wie Putin sagen: Ist mir doch wurscht. Für den ist das Thema Wahrheit dermaßen erledigt, dass er sich beim Lügen kaum noch Mühe gibt. Schluderei beim Inszenieren ist freilich selbst für ihn nicht ganz unproblematisch. Wenn etwa der Chinaböller, der jetzt vom Kreml-Dach abprallte, wirklich eine Drohne aus der Ukraine gewesen wäre, dann hätte das russische Luftverteidigungssystem sich ja als Lachnummer erwiesen.

Gott sei Dank müssen wir im freien Westen nicht mit solchen Schmierenstücken rechnen, auch nicht in Bayern. Wenn kurz vor der Wahl im Englischen Garten ein Wolf oder ein Bär das Zamperl einer Rentnerin reißen sollte, dann könnte man sicher sein, dass es sich um einen echten Ausbruch aus Hellabrunn handelte, selbst wenn Söder die Problemtiere dann wahrscheinlich höchstpersönlich „entnehmen" würde, da könnte der Aiwanger mit seinem Jagdschein wedeln, wie er wollte. Denn Bayern ist zwar kein Wolfs-, aber doch ein Södererwartungsland.

Menschenopfer

Mitleid ist ein Gefühl, das Journalisten schon in der Schule verboten wird. Denn wir sollen den mehr oder minder Mächtigen ja möglichst genau auf die mitunter tatsächlich schmutzigen Finger schauen, da ist ein von Tränen getrübter Blick nicht hilfreich. Doch auch Journalisten sind nur Menschen, denen es mal besser und mal schlechter geht. In einem Tal kann es schon vorkommen, das Empathie selbst für Zeitgenossen und -genossinnen aufkommt, die man mit dem Hochmut der Höhe nur mit Hohn und Spott übergossen hätte.

Die „Reichsbürgerin", die sich mit weiteren Verschwörern wegen eines versuchten Staatsstreichs verantworten muss, hätte sogar nur Verachtung und Verdammung verdient. Aber als die Fünfundsiebzigjährige jetzt in ihrem Jogginganzug in den Gerichtssaal geführt wurde, fielen uns wieder die Bilder des alten Jassir Arafat im Frotteestrampler ein, und da bekam die Unbarmherzigkeit Risse. Was muss diese Oma aber auch in ihrem Alter noch den Lauterbach entführen wollen, anstatt den Staat einfach durch möglichst langes Kassieren ihrer Lehrerpension zu schwächen, die sie jetzt los ist? Hatte die nichts mehr zu stricken?

Ein gewisses Mitgefühl kam gegen jedes Sträuben auch für die nun arbeitslose Frau vom Russen-Gerd auf. Die wurde von ihrem Arbeitgeber gefeuert, weil sie zusammen mit ihrem Mann, dem AfD-Chef Chrupalla und anderen illustren Gestalten in der russischen Botschaft den Sieg über Nazi-Deutschland gefeiert hat; der Sieg über die Nazi-Ukraine lässt ja noch auf sich warten. Dazu muss man sagen, dass

Erleichterung: Nicht einmal ein Menschenopfer kann Habeck den Humor rauben.

die Wirtschaftsförderungsgesellschaft des Landes Nordrhein-Westfalen, als deren Repräsentantin Frau Schröder-Kim tätig war, wohl schon länger gewusst haben muss, dass sie nicht ein Lieschen Müller angeheuert hatte. Jetzt sitzt die arme Frau wieder den ganzen Tag daheim bei ihrem Gerd. Regimetreue fordert manchmal einen hohen Preis.

Womit wir bei dem Fall wären, der uns in dieser Woche am meisten dauerte: Habeck. Als er verkündete, dass er nun doch seinen besten Mann (im Englischen heißt so der Trauzeuge) entlassen müsse, waren wir fast ebenso angefasst wie der Minister selbst. Graichen war ja nicht nur ein enger Freund Habecks, sondern nach dessen Elogen auch der Mann, der quasi im Alleingang dafür sorgte, das wir im Winter noch Strom und Gas hatten und nicht in eine tiefe Wirtschaftskrise stürzten. Ob die Verdienste dieses heimlichen Helden jemals angemessen gewürdigt werden? Es besteht Hoffnung. Nach einer gewissen Karenzzeit wird nun ja auch Merkel mit Orden überschüttet. Sie bekommt sogar noch einen von Söder, der aus einem naheliegenden

Grund auch auf diesem Feld keine schlechtere Bilanz vorweisen will als Wüst.

Doch zurück zu der alttestamentlichen Tragödie um Graichen. Nur wenige Tage zuvor hatte Habeck ja noch erklärt, er sei nicht bereit, „einen Menschen zu opfern". Wem fiel da nicht Abraham ein, der seinem Sohn Isaak das Messer in die Kehle gestoßen hätte, wenn nicht in letzter Minute ein Engel mit der Botschaft erschienen wäre, die göttliche Aufforderung dazu sei bloß ein Test gewesen. Ob auch Habeck darauf gehofft hatte, als er Graichen auf dem Altar der Heizungswende festband, um mit diesem Beweis von gnadenloser Prinzipientreue sein Gesetz, seinen eigenen Job und auch ein paar Prozente für die Grünen zu retten? Gott griff jedenfalls nicht ein. Nicht wirklich sein Volk.

Wobei jetzt selbst die Grünen auf die Plagen bauen, mit denen der Herr uns für den Umgang mit seiner Schöpfung straft: Wenn im Sommer die Wälder wieder brennten, werde die Affäre Graichen kein Thema mehr sein. Unsere alte Rede: Kein Schaden, der nicht auch einen Nutzen hat. Auch Habeck selbst scheint die Schnellabschaltung seines Mr. Wärmepumpe ohne Kernschmelze überstanden zu haben. Auf die Frage, wen er als Nachfolger berufe, sagte er: „Nicht meinen Trauzeugen." Jetzt sind wir aber erleichtert! Nicht einmal ein Menschenopfer kann dem Mann den Humor rauben. Das soll uns ein Beispiel sein.

Bekloppt

Schon als Autos noch von Explosionen im Motorraum angetrieben wurden, zählte der Satz „Der klebt ja förmlich auf der Straße!" zum Besten, was sich über einen Kraftwagen sagen ließ. Gemeint war, dass man mit dem gelobten Gefährt in rasender Geschwindigkeit durch die Kurven sausen konnte, ohne aus denselben zu fliegen. Das geht auch mit den modernen Elektromobilen noch, worauf jetzt ein Autovermieter mit dem Werbeslogan hinweist: „Klebt auf der Straße." Um danach hinzuzufügen: „Und niemanden stört's".

Ui, ui, ui, das ist ganz schön mutig! Denn die Jungs und Mädels von der Letzten Generation verstehen ja gar keinen Spaß, wenn es um ihre heilige Mission geht, der sie sich bis an die Grenze der Selbstverstümmelung verschrieben haben. Es könnte daher gut sein, dass der beworbene Elektro-Bolide, wenn er von den Aktivisten entdeckt wird, so auf der Straße klebt, dass der Fahrer sich für einige Zeit um die nächste Kurve keine Gedanken mehr machen muss.

Wohl in weiser Voraussicht will der Verleiher die Werbung auch nur im Internet laufen lassen. Plakatwände würden vermutlich, kaum dass die Anspielung gekleistert wäre, so aussehen wie der Eingang der FDP-Parteizentrale, das Grundgesetz-Denkmal am Reichstag oder die Fassade des Willy-Brandt-Hauses. Dort bekam Olaf Scholz, obwohl er gar nicht Hausherr ist, sondern nur für die Dauer seiner Kanzlerschaft geduldeter Untermieter, die farbenfrohe Quittung dafür, die Klimakleber „völlig bekloppt" genannt zu haben.

Dass Scholz sich derart drastisch äußert, ist äußerst ungewöhnlich. Und in dieser Angelegenheit besonders bemerkenswert. Erstens gibt es keinen Stau, der den Kanzler juckt; er hat ja einen Hubschrauber, den er vielleicht auch öfter nutzen sollte, wenn er nicht öfters von wildfremden Männern geherzt werden mag. Zweitens will die SPD sich mit der Senkung des Wahlalters doch gerade bei der Generation einschleimen, die sich so ums Weltklima sorgt. Und schließlich war Scholz selbst einmal ein Revoluzzer, der den Regierenden Feuer unter dem Schaukelstuhl machen wollte. Das kann er doch nicht vergessen haben, obwohl seine wilde Zeit noch länger zurückliegt als seine Gespräche mit der Warburg Bank.

Wir glauben daher eher, dass Scholz, als er zu den Chaoten auf den Straßen gefragt wurde, gerade an die sich kloppenden Chaoten in seiner Koalition gedacht hatte, deren

*Chaoten allerorten: Meinte Scholz wirklich die Klimakleber?
Oder doch seine Koalitionäre?*

wiederkehrende Kabbeleien ihm mittlerweile tierisch auf den Keks gehen müssen.

Aber vielleicht nehmen Scholz und wir den Knatsch zwischen den Grünen und der FDP auch viel zu ernst. Habeck sagte schließlich zuletzt, die Beziehungen zwischen den Regierungsmitgliedern seien auch über die Parteigrenzen hinweg sehr gut, fast freundschaftlich. Und man weiß doch: Was sich liebt, das neckt sich.

Abgesehen vom Vorwurf des Wortbruchs, der einem in der Hitze des Gefechts um ein Heizungsgesetz schon einmal entfahren kann, hielt der rhetorische Schlagabtausch sich doch in engen Grenzen. Lindner und Habeck nannten sich zum Beispiel wechselseitig nicht einmal Arschgeige (beliebter Kosename unter ranghohen Freunden in der russischen Führung). Auch Invektiven, die sich die FDP früher anhören musste – Umfaller, Gurkentruppe, Leichtmatrosen –, wurden nicht wieder aufgegriffen. Der Vorwurf, er sei kein ehrbarer Kaufmann, ist für Lindner verkraftbar. Auch und gerade von Politikern kann man das Unmögliche nicht verlangen, selbst wenn sie es im Zuge der Heizungswende von uns fordern.

Habeck wiederum sollte bei der FDP-Replik „quick and dirty" einfach an „Dirty Dancing" und „Dirty Harry" denken. Wir kannten Frauen, die den ans Herz gehenden Tanzfilm mit Patrick Swayze mehr als zwanzigmal gesehen haben, und Männer, die bis heute nicht nur den berühmtesten Satz Harry Callahans auswendig können. Callahan ist Kult; Habeck muss sich nur noch stärker an ihm orientieren, wenn er seine alte Popularität zurückgewinnen will. Was würden wir dafür geben, Dirty Robby zu sehen, wie er seine Wärmepumpgun durchlädt und zu Lindner sagt: Go ahead, make my law!

Kommunikation

Kommunikationswissenschaft? Da drückten früher die alten Haudegen in den Zeitungsredaktionen ihre Zigaretten aus und sagten den um Berufsberatung bittenden Praktikanten: Bloß nicht! Da sei ja sogar noch die Germanistik eine bessere Vorbereitung auf die Laufbahn des Journalisten. Die Herren Kommunikationswissenschaftler hätten gar keine Ahnung, wie es an der Front wirklich zugehe. Allerdings wussten auch die meisten alten Kämpen, die ihr Metier vom Bleisatz auf erlernt hatten, nur vom Hörensagen in ihrer Stammkneipe, welcher Unsinn an den Universitäten gelehrt wurde.

Auch das sind freilich mittlerweile Tempi passati. Eine akademische Beschäftigung mit den vielen Spielarten der Kommunikation gilt nicht mehr als Beleg dafür, ungeeignet für den Beruf des Journalisten zu sein. Auch die Politik verschließt sich schon lange nicht mehr den Erkenntnissen der Kommunikationswissenschaft und der Beratung durch ihre Vertreter. Nicht jeder Politiker ist ein kommunikatives Naturtalent wie unser Bundeskanzler, der für das, was er dem Volk nicht zu sagen hat, auch keinen theoretischen Überbau braucht.

Dessen Pflege überlässt er dem SPD-Generalsekretär Kühnert, der wie viele seiner Kollegen immer wieder beweist, dass man auch ohne abgeschlossenes Studium auf allen Gebieten kompetent sein kann. Der Autodidakt Kühnert hat das Theoriegebäude der Kommunikationswissenschaft gleich um zwei Begriffe erweitert, die so einleuchten, dass man sich fragt, warum mit ihnen nicht schon längst

Fröhlicher Jasager: Die Koalition macht auch das Haschischrauchen möglich.

mehr beschrieben und erklärt wird als nur die Hemisphären, in denen sich die Krisenkommunikation der Koalition bewegt: die „Verweigerungskommunikation" und die „Ermöglichungskommunikation".

Was wollte Kühnert uns beziehungsweise der FDP damit sagen? Natürlich, dass Letztere aus dem finsteren Lager der Verweigerer ins Paradies der Ermöglicher der Heizungswende wechseln und dies mit wohlig warmen Worten kundtun solle. Das großherzige Angebot, endlich zu den fröhlichen Jasagern zu gehören, machen SPD und Grüne aber nicht nur ihrem sogenannten Koalitionspartner, sondern uns allen, und das bei ganz vielen Themen: bei der Einwanderung, der Einbürgerung, der Freigabe von Cannabis, dem Gendern, dem Geschlechtswechsel. Dafür sollten wir dankbar sein und der Regierung die umfassende Erweiterung unserer Möglichkeiten mit etwas besseren Umfragewerten lohnen.

Jetzt mal ehrlich: Macht Ihnen die endlose Verweigerungskommunikation wirklich Spaß? Gesund kann das ewige Herumnölen nicht sein, da muss man sich bloß die

Gesichter der AfD-Politiker anschauen. Bei Licht betrachtet, spricht doch gar nichts gegen die Ermöglichungskommunikation, man muss sich eben nur genau überlegen, was man wem ermöglichen will. Da fiele uns schon einiges ein: der SPD die Erholung in der Opposition, Kühnert ein Studium der Politischen Kommunikationswissenschaft mit dem Schwerpunkt Floskeln und den Grünen ein Auffrischungsseminar zu den Grundlagen der antiautoritären Erziehung, die sie auf dem Marsch durch die Institutionen ganz offensichtlich vergessen haben.

Habeck würden ein paar Lehrjahre bei einem Installateur nicht schaden, um ihm die Wärmepumpen-Flausen auszutreiben. Dort könnte er auch lernen, wie man mit den Leuten kommunizieren muss, damit sie verstehen, was Sache mit der Heizungsleiche in ihrem Keller ist. Kühnert gab zu, auch Scholz hätte „lauter" und „ordinärer" in die Debatte eingreifen können. Ob dem Generalsekretär da Rötger Feldmanns Comicfigur Werner (ein kerniger Klempner, wie Scholz aus dem hohen Norden) vorschwebte? Na, da sind wir doch froh, dass der Kanzler wieder einmal „eher im Hintergrund an der Lösungsfindung arbeitete", also etwa so wie Uli Hoeneß bei Bayern München. Auch dem neuen und alten deutschen Fußballmeister würde etwas wissenschaftliche Beratung aber wohl nicht schaden, insbesondere nicht auf dem Feld der Entlassungskommunikation.

Hintern

Das Bild der Woche kam zweifellos aus Amerika. Es zeigte einen ganzen Stapel von Kisten, in denen sich zahllose Geheimdokumente befanden, die der größte Präsident aller Zeiten mit in sein Ferienhäuschen nach Florida genommen hatte, nachdem Kommunisten und andere Verbrecher ihm den triumphalsten Wahlsieg aller Zeiten gestohlen hatten. In Agenturmeldungen hieß es, die Papiere seien bei einer Durchsuchung in Trumps Dusche gefunden worden. Doch war auf dem Foto klar eine Schüssel zu erkennen, wie es sie nur in einem Klo gibt.

Das wirft natürlich die Frage auf, warum Trump die Akten genau dort aufbewahrte. Einem Immobilienmogul wie ihm mangelt es sicher nicht an Lagerflächen. Trump selbst gab an, dass er die Papiere, unter denen sich Einsatzpläne für die Atomwaffen befunden haben sollen, in Ruhe habe studieren wollen. Und wo hätte man mehr Ruhe als auf dem stillen Örtchen? Außerdem lässt sich dort auch sehr bequem alles entsorgen, was nicht mehr von Interesse ist. Wer braucht einen Reißwolf, wenn man eine Klospülung hat? Jedenfalls fällt auf, dass die Kartons mit den Geheimakten direkt neben der Schüssel standen, sodass auch längere Sitzungen zum Aktenstudium möglich waren, ohne dass Trump dafür aufstehen musste.

Will man ihm wirklich einen Strick daraus drehen, dass er sich derart auf seine zweite Präsidentschaft vorbereitete? Möglicherweise war in Florida auch zeitweise das Klopapier knapp. Ein Multimillionär, für den goldene Wasserhähne zur Minimalausstattung zählen, dürfte es ohnehin nicht als unangemessen betrachtet haben, dass sein Toilettenpapier den Aufdruck „Top secret – for your eyes only" trägt.

Die Empörung über Trumps Umgang mit Staatsgeheimnissen hielt sich denn auch in engen Grenzen, sogar auf unserer Seite des Atlantiks. Aiwangers Ausruf „Ihr habt's wohl den Arsch offen" galt jedenfalls nicht Trump und seinen Anhängern, sondern „denen in Berlin", die uns die Demokratie gestohlen haben. Eigentlich hätte der bayerische Wirtschaftsminister und stellvertretende Ministerpräsident sich mit diesen Bemerkungen den Titel Niederbayern-Trump verdient. Aber angesichts des Zores, den wir wegen der Verwendung – nicht Erfindung! – des „Sauerland-Trumps" hatten, wollen wir uns das erst noch einmal überlegen.

Anders als Trump redet Aiwanger ja auch nicht nur Unsinn. Die von ihm da oben in Berlin kritisierten Politiker geben selbst zu, dass die Ampelkoalition immer wieder mit dem Allerwertesten einreißt, was sie zumindest an Erwartungen aufgebaut hat. Robert Habeck klagte nun darüber, dass die Koalition sich selbst ihre Erfolge „zerschossen" habe, weil sie sich dauernd streite: „Wir beißen uns regelmäßig in den Hintern, dass wir das nicht besser verkauft kriegen." Das darf man natürlich nicht wörtlich verstehen; so beweglich sind die meisten Regierungsmitglieder nicht mehr. Habeck wollte mit dieser

Schlechte Verkäuferin: Die Ampelkoalition beißt sich regelmäßig in den Allerwertesten.

Redewendung sagen, dass er und seine Kollegen sich sehr darüber ärgerten, keine besseren Verkäufer ihrer sagenhaften Politik zu sein.

Denn entscheidend ist in diesem Geschäft ja nicht nur, was hinten rauskommt (berühmtes Kohl-Diktum), sondern auch, wie es bei den Leuten ankommt, jedenfalls in der Demokratie. Den Souverän zu erreichen wird jedoch immer schwieriger, weil der sich zunehmend in sogenannten Blasen abkapselt, dort seinen Rotwein trinkt und von anderen Ansichten nichts mehr hören will. Wohin das führen kann, sieht man in Amerika. Ganz so extrem wie dort geht es bei uns aber zum Glück noch nicht zu, auch wenn Bundestagspräsidentin Bas jetzt die lieben Kolleginnen und Kollegen bitten musste, in den Debatten „die Wörter rotzen und kotzen nicht weiter inflationär zu gebrauchen". Ja, wehret den Anfängen! Angesichts der Begeisterung, mit der im politischen Diskurs Redewendungen rund um das Gesäß genutzt werden, kann man sich schließlich vorstellen, welches Verbum als nächstes inflationär verwendet werden würde.

Orden

Blieb Ihnen bei diesem Anblick nicht auch die Spucke weg? Sie denken jetzt natürlich an Söder, Merkel und die weiß-blaue Verdienstmedaille. Dieses Stück aus dem politischen Komödienstadel wird hier selbstredend noch ausführlich gewürdigt werden. Vorher aber ist der amtierende Bundeskanzler dran, der auf dem Fliegerhorst Jagel in das Cockpit eines Eurofighters kletterte und dabei gar nicht schlumpfig, sondern so grimmig schaute, dass einem angst und bange werden konnte.

Da wäre früher ein ungegenderter Aufschrei durch die Republik gegellt: Säbelrassler! Knecht der Rüstungsindustrie! Verherrlichung des Krieges! Militarisierung der Politik! Doch seit Scholz „Zeitenwende" murmelte, darf er einfach alles. Die meisten dachten sicher, der Kanzler habe mit dieser Top-Gun-Nummer Putin beeindrucken wollen. Na ja. Der Russe kann über solche Trockenübungen am Boden wohl nur lächeln. Er fliegt bei derartigen Propaganda-Stunts im Jagdbomber mit, wenn er nicht gerade einen sibirischen Tiger oder seinen Koch bändigen muss.

Wir glauben eher, dass unser Roter Baron seine Wehrhaftigkeit vor allen nach innen demonstrieren wollte. Denn die Zahl der Angreifer, die das Kanzleramt erobern wollen, explodiert ja momentan geradezu.

Bei der CDU macht dem Freizeitflieger Merz der nordrhein-westfälische Ministerpräsident Wüst derart Konkurrenz in Sachen Kanzlerkandidatur, dass der Sauerländer sich nur noch mit Nestbeschmutzung zu helfen wusste. Der lachende Dritte Daniel Günther („schöner, jünger, geiler",

Nicht nur schmutzeln: Söder kann auch schmeicheln.

wie er selbst sang) steht für den Fall bereit, dass Wüst und Merz bei ihrem Duell zu viel Blut verlieren. Günther wäre vermutlich der Lieblingsgegner der AfD, die Morgenluft wittert und nun ebenfalls einen Kandidaten aufstellt. Und dann gibt es ja auch noch den Mann, der immer will und kann, auch wenn er es stets verneint: Markus Söder.

Deutlicher als mit der Ordensverleihung an Merkel hätte er gar nicht machen können, dass er sie nach einem Intermezzo namens Scholz beerben will. Das war abermals großes Kino! Söder hätte für seinen staatsmännischen Akt des Anbiederns an die immer noch große Merkel-Fangemeinde das Großkreuz des Ordens wider den tierischen Ernst in besonderer Ausführung verdient. Die Standardstufe hatte er ja schon 2016 verliehen bekommen, „nicht nur für sein Talent zur unfreiwilligen Komik", wie es hieß.

Mit der alles vergessenden und verzeihenden Ehrung für Merkel outete Söder sich auch gleich noch als Urenkel Adenauers, den sein Geschwätz von gestern nicht mehr kümmert. Die „Herrschaft des Unrechts" hatte freilich nicht

Söder der Kanzlerin unterstellt, sondern Seehofer. Der war es auch gewesen, der Merkel auf offener Parteitagsbühne wie ein Schulmädchen behandelte, sicher zum klammheimlichen Entsetzen Söders, der ihr nur grundlegende Fehler vorgeworfen hatte.

Seehofer zog es konsequenterweise vor, der Söder-Show in der Residenz fernzubleiben. Merkel hat den Horst auch nicht vermisst, sondern nur bedauert, dass sie Franz Josef Strauß nicht mehr persönlich kennengelernt habe. Wie hätte FJS wohl auf das Phänomen Merkel geblickt? Am Anfang haben sie in der CSU ja noch über die „Zonenwachtel" gespottet. Strauß hätte aber bestimmt sofort erkannt, dass sie das Zeug zur Riesenstaatsfrau hatte. Mit dem Orden hätte er bestimmt nicht gewartet, bis es zu einer Mode wurde, Merkel Auszeichnungen nachzuwerfen und sogar noch ein Wüst dabei schneller ist als der bayerische Ministerpräsident.

Was Merkel der Verdienstorden bedeutet, wird man bei ihrem nächstem Besuch auf dem Grünen Hügel sehen können. Sie hat ihn natürlich mit der Damenschleife bekommen, die in Bayreuth gerne getragen und gesehen wird. Aber würde Merkel wirklich Werbung für Söder machen wollen? An der Brust der Mutti der Nation a. D. würde das Band davon künden, dass der Pater patriae und Kanzler in spe nicht nur schmutzeln kann, sondern auch schmeicheln. Das wäre ein erheblicher Wettbewerbsvorteil im Kampf um die Kandidatur. Wir sind jetzt wirklich gespannt, welchen Orden Merz Merkel umhängt.

Inszenierung

Bis heute wird darüber gestritten, warum Hitler seine Panzer auf dem Weg nach Dünkirchen stoppen ließ. Weil er Göring glaubte, die Luftwaffe erledige das britische Expeditionskorps schon allein? Um die eigene Truppe zu schonen? Oder die Engländer? Diese Fragen sollten jetzt endlich endgültig beantwortet werden, denn schon gibt der nächste Haltebefehl der Menschheit Rätsel auf: Warum gab Prigoschin zweihundert Kilometer vor Moskau auf, obwohl er bis dorthin auf keinerlei Widerstand gestoßen war und die halbe Stadt schon gepackt hatte, als stünde abermals Napoleon vor den Toren?

Dafür, dass der großmäulige Söldnerführer so schnell den Schwanz einzog, hatten Theoretiker der Verschwörung, und um eine solche handelte es sich in jedem Fall, eine plausible Erklärung parat: dass der Aufstand nur eine Inszenierung gewesen sei, deren Regisseur Putin hieß. „War dieser Putin-Putsch nur eine Show?", mutmaßte sogar die „Bild"-Zeitung. In den sozialen Medien fanden sich viele, die felsenfest überzeugt waren, dass es sich nur um eine Maskirovka des gelernten KGB-Mannes handeln konnte. Denn es kann ja nicht sein, was nicht sein darf. Putin schwach und ahnungslos? Da lachen doch sogar noch in Sibirien die Hühner!

Was genau der Kremlherrscher mit dem Täuschungsmanöver bezweckte, wissen zwar nicht einmal die glühendsten Putinisten, denn der Ratschluss des großen Diktators ist natürlich unergründlich. Aber widersetzen kann sich ihm keiner. Und das soll sein Koch versucht haben?

Der ist jetzt bei Putins Platin-Partner Lukaschenko untergekrochen, der sich seither rühmt, den großen Bruder in Moskau vor einer Dummheit (Bürgerkrieg) bewahrt und dem Kameraden Prigoschin das Leben gerettet zu haben. Lukaschenko hält den Wagnerianer und dessen Soldateska für einen guten Fang, denn diese Halsabschneider wissen ja auch, was man mit einem Vorschlaghammer alles machen kann. So eine Prätorianergarde hatte Lukaschenko sich bestimmt schon lange gewünscht.

Woher aber weiß er, dass Prigoschin nicht eine Art Trojanisches Pferd ist, das ihm der listige Odysseus im Kreml vor die Tore von Minsk gestellt hat? Wenn es mit der Eroberung der Ukraine nichts wird, muss Putin doch wenigstens Belarus heim ins Reich holen, was ihm längst schon gelungen wäre, wenn Lukaschenko sich nicht nachhaltig zieren würde. An dessen Stelle würden wir es nicht so raushängen lassen, dass er der ersten Geige im Diktatorenorchester den A . . . . gerettet hat. Denn man sieht ja, wie schnell der Wind sich drehen kann. Vielleicht lernen

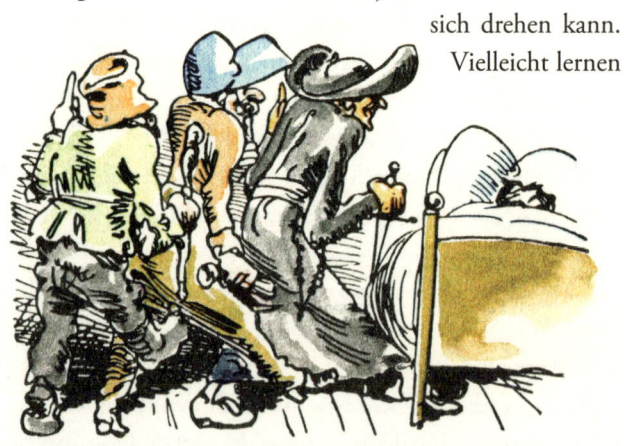

Zu Lukaschenko schlich:
Prigoschin, den Dolch (oder Hammer) im Gewande.

die russischen Schulkinder dann: Zu Lukaschenko, dem Störrischen, schlich Prigoschin, den Hammer im Gewande ...

Damit der Putschversuch echt aussieht und der Kollege in Minsk weiter glaubt, Prigoschin sei ein politischer Flüchtling gemäß dem viel zu selten gewürdigten Artikel 12 der belarussischen Verfassung, müssen jetzt in Moskau auch ein paar Generäle über die Klinge springen: die Idioten, die geglaubt hatten, Prigoschins Rebellion sei nicht nur gespielt und habe – wie dumm kann man nur sein! – Aussicht auf Erfolg. Man will bei einem Putsch schließlich nicht zu lange auf der Seite des Verlierers gestanden haben.

Wahrscheinlich diente die Inszenierung Putin also auch dazu, die Mut- und Treulosen aus dem Gebüsch zu treiben, die nicht mehr an den Endsieg in der Ukraine glauben wollen. Die zeigten auch keine rechte Lust, sich Prigoschin in den Weg zu stellen. Wer wie der Luftwaffenkommandeur Surowikin den Söldnerführer sogleich zur Umkehr aufrief, machte sich allerdings erst recht verdächtig. Das hätte ein gebildeter General wissen müssen, denn so war es schon unter Stalin.

Dessen gelehriger Schüler Putin hält sich nun natürlich an seines Vorbilds Devise „Eine Säuberung am Morgen erspart dir Kummer und Sorgen". Putin-Fans wissen freilich: Die anschwellende Säuberungswelle ist ebenfalls nur getürkt, Pardon, gerusst. Denn der oberste Führer hat ja nicht nur von Anfang an alles gewusst, sondern sogar gegen sich selbst geputscht.

Schweinsgalopp

Haben Sie nicht auch Mitleid mit der Regierungskoalition, wenigstens ein bisschen? Beim Anblick der Ampelmänner und -frauen kann man ja nur an den drastischen Spruch unseres Weltmeisters Andi Brehme denken: Haste Scheiße am Fuß, haste Scheiße am Fuß. Da läuft die Koalitionsmannschaft nach endlosen Streitereien in der Kabine endlich auf die letzte Lesung des Heizungsgesetzes zu, reißt schon die Arme zum Jubeln hoch – und dann grätscht ihr von hinten das Bundesverfassungsgericht rein wie weiland der Eisenfuß Horst-Dieter Höttges, Gott hab ihn selig.

In diesem Spiel mussten die Karlsruher Videoschiedsrichter selbst eingreifen, weil CDU und CSU keinen rechten Verteidiger mehr haben, der den Sturmlauf der Koalition auf dem linken Flügel hätte aufhalten können. Klarer Fall von Oppositionsversagen. Trotzdem wird derzeit alles, das in diesem Land nicht läuft, also alles, der Regierung angerechnet. Hoffentlich ist die CSU unter diesen günstigen Umständen nicht so dumm, die 243 Millionen Schadensersatz für das größte Mautdesaster aller Zeiten aus der Parteikasse zu zahlen, wie von der bayerischen Opposition gefordert. Für Markus Söder, der ja auch schon Bäume umarmte, wäre es doch ein Leichtes, zu behaupten, Andreas Scheuer sei damals von den Grünen für das Bundeskabinett vorgeschlagen worden.

Freilich muss die Koalition sich auch an die eigene Nase fassen, ganz besonders der Mann an der Spitze. Es war ein schwerer Fehler des Kanzlers, sich von John Wayne zu

Ein Grüner, dem die Sau durchgeht:
Doch Karlsruhe grätschte noch dazwischen.

distanzieren. Bei alten weißen Männern gilt das als schändlicher Verrat. Den jungen schwarzen Frauen sagte Scholz damit aber gar nichts, denn die wissen wohl nur in den wenigsten Fällen, wer der „Duke" war, nicht zu verwechseln übrigens mit dem „Dude", der auch eine Filmlegende ist und in Sachen Führungsstil wohl eher das Role Model für den Kanzler.

Auch brachte Scholz mit seinen leichtfertigen Äußerungen im Sommerinterview alle Männer in die Bredouille, die mit teuren Kompromissen durchgesetzt hatten, dass die Familie wieder nach Mallorca fliegt, wo sie immerhin am Pool ihren Abgeordneten treffen könnte, der dort in Ruhe das Heizungsgesetz durchblättert, das im „Schweinsgalopp" hätte beschlossen werden sollen (so der FDP-Deputierte Frank Schäffler). Die Grünen hatten ja so getan, als stehe dem Land nicht die Sommerpause bevor, sondern die nächste Eiszeit. Da ging ihnen wirklich die Sau durch.

Jetzt aber, da Karlsruhe das Schweinerennen untersagt hat, war am letzten Sitzungstag sogar noch Zeit für einen Hammelsprung. (Ist es nicht merkwürdig, welche Tiere herangezogen werden, um Vorgänge im Parlament zu beschreiben?) Doch nicht einmal mit diesem Abstimmungsverfahren gelang es, den Wirtschaftsminister zu zitieren, der die ganze Zeit so einen Stress gemacht hatte. Auch ihm wird jetzt ein bisschen Abkühlung im Urlaub nicht schaden. Sicherheitshalber sollte Robert Habeck aber irgendwo Ferien machen, wo niemand eine Heizung braucht. Oder von Prigoschin lernen, wie man sich mit Perücken und Bärten so verkleiden kann, dass nicht einmal Lukaschenko und Putin wissen, wo man ist.

Aber wie kommt die Koalition wieder aus dem Stimmungs- und Umfragetief heraus? Nur durch Einigkeit. Dafür haben die drei Parteien immerhin schon das sprachliche Fundament gelegt. Die Ampel verhilft nämlich nicht nur der Heizungsbranche zu einer Sonderkonjunktur, sondern auch dem Partizip Perfekt des Verbs „einen" zu einem zweiten Frühling. Der Kanzler verlangte von seiner grünen Sozialministerin sogar schriftlich einen „geeinten Referentenentwurf" zur Kindergrundsicherung, und zwar bis Ende August. Auf diesen blauen Brief angesprochen, berichtete Lisa Paus pausenlos, wie viel Scholz und sie „schon miteinander geeint" hätten. Mit der FDP muss sie aber wohl erst noch einiges einen, denn die kann Paus' Anschlag auf die Besserverdiener beim Elterngeld natürlich nur als Racheakt für den Sparbefehl des Finanzministers verstehen. Es könnte also gut sein, dass man in diesem Sommer die Schweine nicht schon zum letzten Mal in Berlin galoppieren sah, geeint oder nicht.

Kulturkampf

Es sind eindeutig die Amerikaner, die das feinste Gespür dafür haben, wohin die Menschheit driftet und welche Gefahren dabei lauern. Zwar liegen unsere Freunde dabei nicht immer völlig richtig, wie die vorschnelle Ausrufung des Endes der Geschichte zeigte. Aber wer will noch ernsthaft bestreiten, dass es den Kampf der Kulturen gibt? Auf der Pöbel- und Prügelwiese mancher Freibäder tut man sich jedenfalls schwer damit.

Schwierige Missionen haben freilich insbesondere die Grünen noch nie davon abgehalten, sie zu übernehmen, siehe nur den Kampf für die Heizungswende, das Gendern, den Schnitzelverzicht und die freie Geschlechtswahl sowie die Feldzüge gegen die Atomkraft, das Auto und das Indianerkostüm, um nur einige der großen Schlachten zu nennen.

Aber nein, rufen die Grünen, das alles war doch kein Kulturkampf! Den werfen sie und die SPD jetzt im Brustton der Empörung den Unionsparteien vor, natürlich mit dem Attribut „rechtspopulistisch" versehen; „linkspopulistisch" gibt es ja gar nicht. CDU und CSU waren lange im zum Hauptstrom erklärten Nebenfluss mitgeschwommen, wagen es jetzt aber, von der AfD dazu ermutigt, immer stärker gegen das zu rebellieren, was nach Darstellung der politischen Linken gar keine Anleitung zum Unglücklichsein gewesen sein soll. Gut, auch wir wollen hier nicht übertreiben. Können wir uns auf Kulturdiktat einigen?

Den grün-roten Vorschriften, wie man zu leben und sich dabei zu fühlen habe, wollen sich jedenfalls auch wachsende

*Morgens, mittags, abends Fleisch:
unglaublich, aber wahr – das darf jetzt jeder!*

Teile der Union nicht mehr beugen. Sie zeigen das mittlerweile ganz offensiv. CSU-Chef Söder macht fast schon täglich einen Solidaritätsbesuch beim Metzger. Der CDU-Vorsitzende Merz tauschte sogar seinen Generalsekretär aus, weil Mario Czaja, obschon aus dem Osten, sich bei der Gegenoffensive als Blindgänger herausgestellt hat.

Doch wann, wenn nicht jetzt, wäre eine bessere Gelegenheit, besetzte Gebiete und verlorene Wähler zurückzuerobern? Die grüne Front bröckelt. Nicht mehr alle Anhänger des Multikulturalismus bestreiten, dass es kriminelle Clans mit Migrationshintergrund gibt; nicht mehr alle behaupten, die Alleinschuld für die importierte toxische Männlichkeit liege bei der deutschen Gesellschaft.

Sogar führende Repräsentanten der Grünen üben sich, auch das Radfahren verlernt man ja nicht, inzwischen in Selbstkritik. So gestand der baden-württembergische Ministerpräsident Kretschmann in unserer Sonntagszeitung unumwunden ein, dass viele Grüne immer noch „ihr altes Feindbild" pflegten und einen „Kulturkampf" gegen das Auto führten. Der aber sei schädlich.

Und auch Landwirtschaftsminister Özdemir will nicht länger, dass unbedeutende Meinungsunterschiede „zum Kulturkampf hochgejazzt werden". Özdemirs Friedensangebot, von dem wir nicht geglaubt hätten, es noch von einem Grünen unterbreitet zu bekommen, lautet: „Morgens, mittags, abends ausschließlich Fleisch. Das darf jeder." Dass er dem noch hinzufügte: „Ob es einem zwingend immer gut bekommt, das steht auf einem andern Salatblatt", nehmen wir ihm nicht krumm. Schließlich ist der Mann Vegetarier und will von seiner Partei auch bei der nächsten Wahl wieder aufgestellt werden. Die ist aber insgesamt noch nicht ganz so weit wie ihr Minister.

Deshalb sollten wir auch noch nicht allzu sicher sein, dass der Krieg schon gewonnen ist. In England hat eine Wohltätigkeitsorganisation vorgeschlagen, das Wort „Vagina" mit „front hole" oder „bonus hole" zu ersetzen, um Transmännern und nicht-binären Personen das Leben zu erleichtern. „Frontloch" wäre in einem Kulturkampf halbwegs akzeptabel. Mit einer Lücke in der Front hätte auch Bismarck etwas anfangen können, als die katholische Kirche noch ein Gegner war und kein Trauerspiel. Aber „Bonusloch"? Da denkt man zuerst an die Bonus-Banker, die Repräsentanten einer ziemlich üblen Spielart der toxischen Männlichkeit sind. Die woke Bewegung scheint auf dem letzten Loch zu pfeifen, wenn sie auf solche Begriffe zurückgreifen muss. Doch zeigt ja gerade dieses Beispiel eindrücklich: Der Schoß ist fruchtbar noch, aus dem das kroch.

Kiffen statt Fliegen

Nach dieser Woche voller Pleiten, Pech und Pannen wollen wir zur Abwechslung mit einer guten Nachricht anfangen, die etwas untergegangen ist in der Flut des Spotts, die sich über unsere Regierung ergoss: Das Holzschwert, das Fischernetz und der Rindenschäler sind trotz allem in Australien angekommen und der Indigenen-Gemeinschaft der Kaurna übergeben worden.

Diese Souvenirs hatten sich zwei deutsche Missionare im 19. Jahrhundert unter den Nagel gerissen, vermutlich ohne jedes Schuldbewusstsein. Da sind wir inzwischen doch viel weiter. Den Rückgabedrang unserer heutigen Missionare in seinem Lauf hält nicht einmal der älteste Regierungsflieger auf. Die enorme Entlastung unseres Gewissens sollte uns die 150 Tonnen Kerosin wert sein, die über Abu Dhabi abgelassen wurden, wo der Beutesprit ja mehr oder minder auch herkam. Die einzige Frage, die uns jetzt noch quält: Verbessert oder verschlechtert die Entleerung der Tanks die CO_2-Bilanz unserer Außenministerin, die ihr jedenfalls bei Amtsantritt noch wichtig war?

Leider hinderten die eigensinnigen Landeklappen Baerbock auch daran, die Frauen-WM zu besuchen und dort wenigstens das Spiel der Matildas gegen die Löwinnen zu sehen. Vermutlich hatte die feministische Außenministerin darauf spekuliert, dass es die deutschen Mädels wenigstens bis ins Halbfinale schafften. Aber der Traum war ja schnell ausgeträumt. Frauen sind doch nicht die besseren Männer. Bevor Sie sich über diesen Spruch aufregen: Genau so lautete die Schlagzeile der „taz" am Tag danach, und der wird man ja wohl nicht unterstellen, frauenfeindlich zu sein.

Baerbock verpasste leider auch noch die Eröffnung unserer neuen Botschaft auf Fidschi, eines wichtigen deutschen Vorpostens bei der Einhegung Chinas. Und das alles nur, weil auch Innenministerin Faeser unseren Damen in Australien zujubeln wollte und für ihre Stippvisite den moderneren Regierungsflieger reserviert hatte, den sie dann leider, leider nicht mehr auf die liebe Kabinettskollegin Annalena umbuchen lassen konnte.

Dafür aber war es Baerbock vergönnt, an der Kabinettssitzung teilzunehmen, die als der Moment in die Geschichte eingehen wird, in dem das deutsche Vereins- und Genossenschaftswesen einen Quantensprung machte wie seit Raiffeisen und Schulze-Delitzsch nicht mehr. Denn nun werden ja ganz viele Cannabis-Clubs gegründet, deren Mitglieder etwas Gutes für die Volksgesundheit tun, wenn wir den dafür zuständigen Minister richtig verstanden haben. Jedenfalls sahen wir Lauterbach noch nie so oft und so selig, ja fast schon stoned lächeln wie an dem Tag, an dem er die Legalisierung eines Rauschgifts bejubelte. Es wundert uns, dass auf seinen Warnplakaten nicht steht: Nur Fliegen ist schöner als Kiffen.

Womit wir wieder beim Thema wären. Baerbock muss sich in der besagten Kabinettssitzung doch gefragt haben, warum sie es bisher einfach so hinnahm, dass Faeser vor ihr dran ist, wenn es um die Inanspruchnahme der Flugbereitschaft geht, obwohl im Äußeren viel mehr Kilometer zu bewältigen sind als im Inneren. Denn am Mittwoch zeigte die nicht direkt neben dem Kanzler sitzende Ministerin für das Gedöns (so die Zusammenfassung Gerhard Schröders), dass der Schwanz auch mit dem Hund wackeln kann: Alle

Selig, fast schon stoned: Gutes für die Volksgesundheit.

Gesetzesvorhaben stehen still, wenn Lisa Paus' starker Arm es will. Weil die Hinterbänkler-Ministerin so uneinsichtig bockte wie der Baerbock-Airbus, muss nun das ganze Kabinett in Meseberg nachsitzen. Angesichts dieser Zustände in der Koalition versteht man dann doch, dass Baerbock möglichst oft Holzschwerter und Rindenschäler zurückgeben will, an möglichst entlegenen Orten.

Aber auch zum Schluss haben wir noch eine wenigstens halbwegs gute Nachricht. Der Pannenflieger, der immerhin den Namen unseres ersten Bundeskanzlers trägt, wird nun doch nicht fern der Heimat verrotten wie jahrelang die „Landshut". Erst spät erkannte man in Berlin, dass die seinerzeit in Mogadischu befreite Maschine ein Symbol für die Stärke unseres Staates ist. Daher bekommt sie nun sogar ein eigenes Museum. Der „Konrad Adenauer" wird das wohl eher nicht vergönnt sein.

Gefallene Engel

Was es heißt, von Putin begnadigt zu werden, konnte man am Himmel über Russland sehen. Aus ihm stürzte ein Flugzeug zu Boden, in dem der Söldnerführer Prigoschin und einige seiner Spießgesellen saßen. Das war zwar auch kein schöner Tod, aber immerhin ein schneller, verglichen jedenfalls mit der Standardprozedur des Kremls für Verräter, der Liquidierung per Nowitschok oder Polonium. Außerdem hatte Putin Prigoschin volle zwei Monate gegeben, um seine Angelegenheiten zu regeln. Dionys gewährte Möros nur drei Tage.

Es hat uns auch gar nicht gewundert, dass der russische Diktator bedauerte („eine Tragödie"), seinen Koch vom Himmel holen zu müssen. Denn der war ja auch noch sein Metzger. Wer schlachtet jetzt für den Kreml die zahlreichen Feinde Russlands ab, wenn es die Versager in Generalsuniform wieder einmal nicht schaffen? Putin ist nun voll auf die Gestalten angewiesen, von denen Prigoschin ihn befreien wollte, was dieser freilich nicht klar genug kommuniziert und ungeschickt angefangen hatte. Denn es sah ja wirklich so aus, als habe der Wagner-Chef bei der Gelegenheit auch den Opa im Kreml in ein sibirisches Austragshäusl schicken wollen.

Bibelkenner aber wissen, wie es enden muss, wenn einer versucht, sich gegen den Allerhöchsten aufzulehnen oder gar seinen Platz einzunehmen. Auch Gott zögerte damals nicht, seinen Lieblingsengel zur Hölle zu schicken. Jesus, das lesen wir im Lukasevangelium, „sah den Satan vom Himmel fallen wie einen Blitz". Wir alle sahen Prigoschin vom Himmel fallen wie einen Stein. Wem er jetzt seine blutigen Dienste anbietet, ist klar. Er selbst hatte vorhergesagt: „Wir alle kommen in die Hölle, aber dort werden wir die Besten sein."

Daran ist nicht zu zweifeln, denn in Satans Homeoffice, Abteilung Großrussland, ist nicht jeder der dort schon Köchelnden ein harter Hund. Da hängen auch viele deutsche Aktivisten mit ihren Friedenstauben rum, wenn sie nicht gerade irgendwo den Bundeskanzler auspfeifen, wie zuletzt in München geschehen. Scholz hat gleich erkannt, dass diese Schreihälse „gefallene Engel (sind), die aus der Hölle kommen". Das spricht nicht nur dafür, dass der Kanzler einen exzellenten Geruchssinn hat, sondern dass er auch an die Existenz des Teufels glaubt. Da hätte er seinen Amtseid vielleicht doch lieber mit Gottes Hilfe ablegen sollen.

Es gibt aber auch gefallene Engel in Deutschland, mit denen wir mehr Mitleid haben als mit den Putin-Anbetern, die zu Recht in der Hölle schmoren. Mit den Worten des Propheten Jesaja möchten wir Robert Habeck zurufen: Wie bist du vom Himmel gefallen, Strahlender, du Sohn der Morgenröte! War er bei Amtsantritt kurz davor, den Titel „Sexiest Schwiegersohn alive" verliehen zu bekommen, wechselt nun schon das erste Café den Namen, weil „Habeck's" geschäftsschädigend sei. Dabei wäre es ja nicht insolvent gewesen, bloß weil es keinen Umsatz mehr hätte machen können.

Das mag auch dem Ampelbündnis ein Trost sein, dem es immer schwerer fällt, uns zu verkaufen, dass es ganz anders Politik mache als alle Koalitionen vor ihm: voller Respekt füreinander und nur am Ergebnis orientiert. Doch sogar der Vizekanzler muss zugeben: „Wir versauen es uns permanent

Putin-Anbeter in der Hölle:
Der Kanzler roch sofort, wo die herkommen.

selbst." Den Ampelmännern und -frauen ist es in der Tat nicht einmal mit der Cannabis-Freigabe gelungen, wenigstens als Rauschgoldengel durchzugehen. Das liegt bei Scholz nicht nur an der fehlenden Lockenpracht. Er hätte einfach nicht sagen sollen, dass er nie gekifft habe, nicht einmal einen einzigen Zug.

Wie anders geht es da in Gottes eigenem Land zu. Der sich selbst gefallendste Präsident aller Zeiten findet mit jeder Anklage, die gegen ihn erhoben wird, mehr Gefallen bei seinen Anhängern. Die Amis mögen einfach Leute, die nie aufgeben. Und dann hat Trump ja auch noch äußerst großzügig ein gefallenes Mädchen unterstützt. Der Mann ist eben ein Engel, auch wenn er auf dem jüngsten Foto ausschaut wie ein frisch lackierter Teufel.

Schriftlich

Haben auch Sie den Wurm gesehen, der sich im Gehirn einer Australierin schlängelte, bis eine entsetzte Chirurgin ihn herausoperierte? Bah, das Bild wird man nicht mehr los! Das hätten wir wirklich nicht auch noch gebraucht, wo uns doch schon unsere Außenministerin einen mindestens so schrecklichen Gedanken eingepflanzt hatte: dass die Bundeskanzlerin Merkel den damaligen Nationalmannschafts-Kapitän Lahm nach Gewinn des WM-Titels geküsst haben könnte wie kürzlich der spanische Verbandspräsident Rubiales die Spielerin Hermoso.

Da half es auch nicht mehr, dass Baerbock nach ihrer unzweideutigen Aufforderung („Man muss sich nur mal vorstellen ...") sagte, das sei doch einfach unvorstellbar. Herrgott, warum behielt sie ihre Phantasie dann nicht für sich! Mit einem solchen Wurm im Hirn ist das Kopfkino ja nicht mehr zu stoppen. Zwar gibt es in der Tat keine Aufnahme von einer Mutti Merkel, die den kleinen Philipp an ihre Brust zieht und ihm einen dicken Schmatz auf die Lippen drückt. Aber es existiert ein Foto, das eine selig lächelnde Kanzlerin nach dem 4:0 gegen Portugal in der Umkleide unserer Fußballer zeigt, von denen einige nur noch Shorts tragen, manche sogar bloß Handtücher. Zum Glück gilt weiter das ungeschriebene Gesetz, dass in der Kabine bleibt, was in der Kabine passiert. Auch in dieser Hinsicht werden die Memoiren Merkels vermutlich manchen enttäuschen.

Viel saftiger könnte es da in den Erinnerungen Aiwangers zugehen. Die CSU hilft ihm dabei, sie schon einmal zu ordnen. Es ist ja möglich, dass er ganz schnell mit dem Schreiben anfangen kann. Gut, dass die CSU ihr voreiliges Urteil, es genüge nicht, dass Aiwanger sich schriftlich zu seiner Jugend äußere, nach dem Beichtstuhlgespräch mit ihm revidierte und ihn aufforderte, sich schriftlich zu äußern. Mithilfe eines detaillierten Fragebogens – das Instrument hatte sich schon bei der Entnazifizierung nach dem Krieg bewährt – wird nun endlich geklärt, ob Aiwanger damals der Hauptschuldige war oder nur ein Mitläufer.

Dass er das auch noch nach 35 Jahren wissen und natürlich sagen muss, meint nicht nur die CSU, sondern auch die Ampel, die es nun Aiwanger heimzahlt, dass Söder dauernd schlecht über sie spricht. Allerdings griff Söder gegenüber Scholz noch nicht zum Äußersten. Ihm schickte er keinen Fragenkatalog zu dessen Erinnerungslücken in der Warburg-Affäre, die noch nicht ganz so lange her ist wie Aiwangers Schulzeit, die dieser wohl an einer Art Napola zugebracht haben muss. Wie sonst konnte seine Penne ihm all das durchgehen lassen, was jetzt über ihn behauptet wird? Es ist unbedingt dem Kanzler zuzustimmen, dass jedenfalls in der Causa Aiwanger alles aufgeklärt werden muss, nichts vertuscht werden darf und dann natürlich die notwendigen Konsequenzen gezogen werden müssen.

So wie in all den anderen Fällen früherer Verirrungen. Man denke nur an Joseph Fischer, der wegen seiner schwierigen Jugend ja auch nicht stellvertretender Ministerpräsident werden konnte, sondern nur Vizekanzler und Außenminister einer rot-grünen Regierung. Und das, obwohl er bei seinem Kampf gegen das Schweine-System bestimmt nie „Mein Kampf" in die Hände genommen hatte, sondern nur ab und zu einen Pflasterstein und vielleicht auch einmal die Mao-Bibel.

Kopfkino: Wie werden wir bloß den Merkel-Wurm wieder los?

Womit wir wieder bei der überragenden Bedeutung des Schriftlichen sind, an die wir selbstredend glauben. Auch Prigoschin hätte sich eben von Putin Brief und Siegel geben lassen sollen, dass ihm nichts geschieht, wenn er den Marsch auf Moskau abbricht. Der Terrorfachmann Lukaschenko meinte zwar, Putin könne mit der Entsorgung des Wagner-Führers nichts zu tun gehabt haben: zu grob, zu unprofessionell, das sehe dem Kollegen gar nicht ähnlich. Unprofessionell? Sieben Verräter auf einen Streich zu erledigen war höchst effizient. Sie mit dem von Prigoschin bevorzugten Vorschlaghammer kaltzumachen wäre viel gröber gewesen. Dass auch völlig Unschuldige umkamen, juckte die Täter nicht. Lukaschenko irrt also: Diese Liquidierung erfolgte nach allen Regeln der Kunst. Die Handschrift des Künstlers ist unverkennbar, da muss man nicht erst seine Schreibmaschine überprüfen.

Augenklappe

Wir waren kurz davor, uns auch eine Augenklappe zu kaufen, sie aufzusetzen und sie dann vor unserem Kanzler zu ziehen. Es hatte schon Klasse, wie Olaf Scholz mit seinem Malheur umging, da können sie im Netz die naheliegenden Witze über ihn machen, wie sie wollen. Unser Kanzler ist, nachdem er der harten Realität in seinem Gesicht ins Auge geblickt hatte, nicht in den vorgezogenen Skiurlaub geflohen, hat die Blessur nicht überschminkt und sich auch nicht hinter einer Heino-Brille versteckt. Scholz stand mannhaft zu dem Schmiss, den er sich beim Jogging geholt hat, also beim ehrenvollen Kampf mit sich selbst. Daher war es auch angemessen, den Kanzler mit Mosche Dajan zu vergleichen und mit dem bis dato berühmtesten deutschen Einäugigen, den er nun abgelöst hat.

Wäre bloß auch Hubert Aiwanger so offen und bekenntnisfreudig mit seinem Fehltritt umgegangen, der ihn noch nach 35 Jahren ins Stolpern brachte, dann hätten wir uns auch in dieser Kolumne mit wichtigeren Themen beschäftigen können, zum Beispiel mit dem toten Pferd.

Anders als Scholz hätte Aiwanger aber natürlich nicht im Stauffenberg-Stil auftreten können, obwohl der Hitler-Attentäter ein gutes, vielleicht sogar das beste Beispiel für einen konsequenten Bruch mit früheren Ansichten und Eiden ist. Doch dann hätte es sicher wieder geheißen: Was erlauben Aiwanger! Erst stilisiert er sich zum Opfer, dann macht er auch noch auf Widerstandskämpfer!

Man darf ja nicht vergessen, unter welchem Generalverdacht der bayerische Vizeregierungschef steht. Im Fall des

Kanzlers dagegen, der freilich eine astreine linke Vergangenheit hat, kam trotz der eindeutigen Sachlage niemand auf die Idee, ihm vorzuhalten, er sei jetzt auf dem rechten Auge blind. Das wurde in den asozialen Medien nur Söder unterstellt, obwohl der ja mit Augenmaß entschieden haben wollte.

Eines hätte Aiwanger sich freilich schon vom Kanzler abschauen können: wie man sich richtig nicht erinnert. Scholz vermied es tunlichst, seine Gespräche mit den Leuten von der Warburg-Bank einschneidende Erlebnisse zu nennen. Er erinnerte sich einfach gar nicht und blieb dabei.

Mit Erfolg. Unserer (allerdings brüchigen) Erinnerung nach hat niemand gefordert, Scholz müsse zurücktreten, weil er mit seiner Vergesslichkeit der deutschen Erinnerungskultur schweren Schaden zugefügt habe, wie es Aiwanger vorgeworfen wird. Um die muss es in der Tat sehr schlecht stehen, wenn schon ein Provinzpolitiker den

Mannhaft wie unser Kanzler:
Man muss der harten Realität ins Auge blicken.

gesellschaftlichen Grundkonsens zerstören kann, auf dem sie ruht. Vielleicht unterschätzen wir Aiwanger aber auch gnadenlos, und es handelt sich bei ihm um den mächtigsten Deutschen seit Adenauer, wenn nicht länger.

Aber genug nun von diesem niederbayerischen Neobazi und zurück zu Scholz. Ihm genügte ein Auge, um zu erkennen, dass Deutschland sich nicht länger nur mit seiner Erinnerungskultur beschäftigen kann, sondern auch etwas für seine Zukunft tun muss. Zu diesem Zweck hat er uns allen einen „Deutschland-Pakt" angeboten. Nach einer ersten leichtfertigen Begeisterung fragten wir uns, von der Aiwanger-Affäre für Anfänge sensibilisiert, denen man wehren muss: Was ist bloß mit unserem einst zuverlässig linken Kanzler los? Deutschland-Pakt, Deutschland-Geschwindigkeit – klingt das nicht verdächtig nach Deutschtümelei (in Zeiten, in denen nicht einmal die Post mehr deutsch sein will)?

Zumal der Begriff „Deutschland-Pakt" alles andere als unbelastet ist. Die Deutsche Presse-Agentur wies sofort nach Scholz' Rede im Bundestag darauf hin, dass erst vor 18 Jahren zwei rechtsextreme Parteien, die NPD und die DVU, ein teuflisches Bündnis gleichen Namens geschlossen hatten, um in Landesparlamente einzuziehen, was ihnen auf diese Weise auch gelang. Wie hat Scholz als Antifa-Veteran das vergessen können? Er ist doch noch nicht so drauf wie Mitch McConnell. Wir erwarten, dass der Kanzler die Sache aufklärt, vollständig und rückhaltlos. Die Augenklappe kaufen wir bis dahin nicht.

Der Autor

Berthold Kohler hat in Bamberg und London Politikwissenschaft studiert. Er trat 1988 in die Redaktion der Frankfurter Allgemeinen Zeitung ein. In den neunziger Jahren berichtete er von Prag und Wien aus über mittel- und südosteuropäische Länder. Seit 1999 ist er einer der Herausgeber der Zeitung.